8° Z 27584

Londres-Paris
1777

Bailly, Jean-Sylvain

Lettres sur l'origine des sciences et sur celle des peuples d'Asie, adressés à M. de Voltaire par M. Bailly et précédées de

janvier

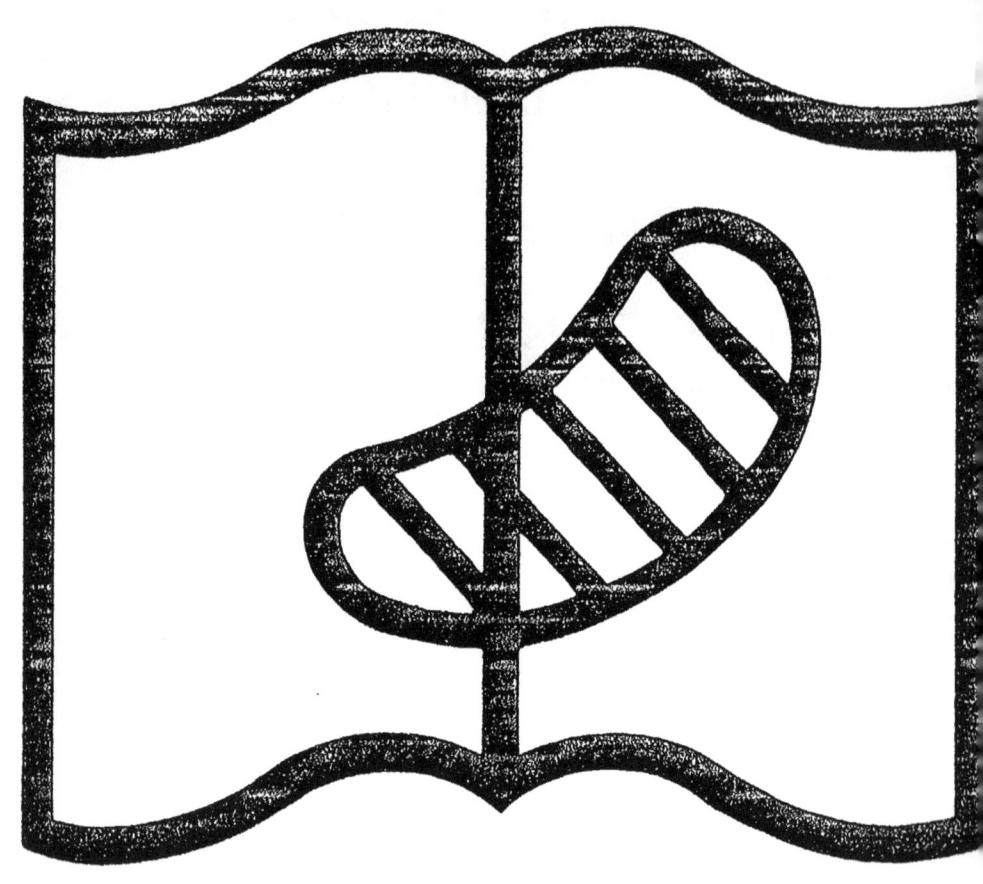

Symbole applicable
pour tout, ou partie
des documents microfilmés

Original illisible

NF Z 43-120-10

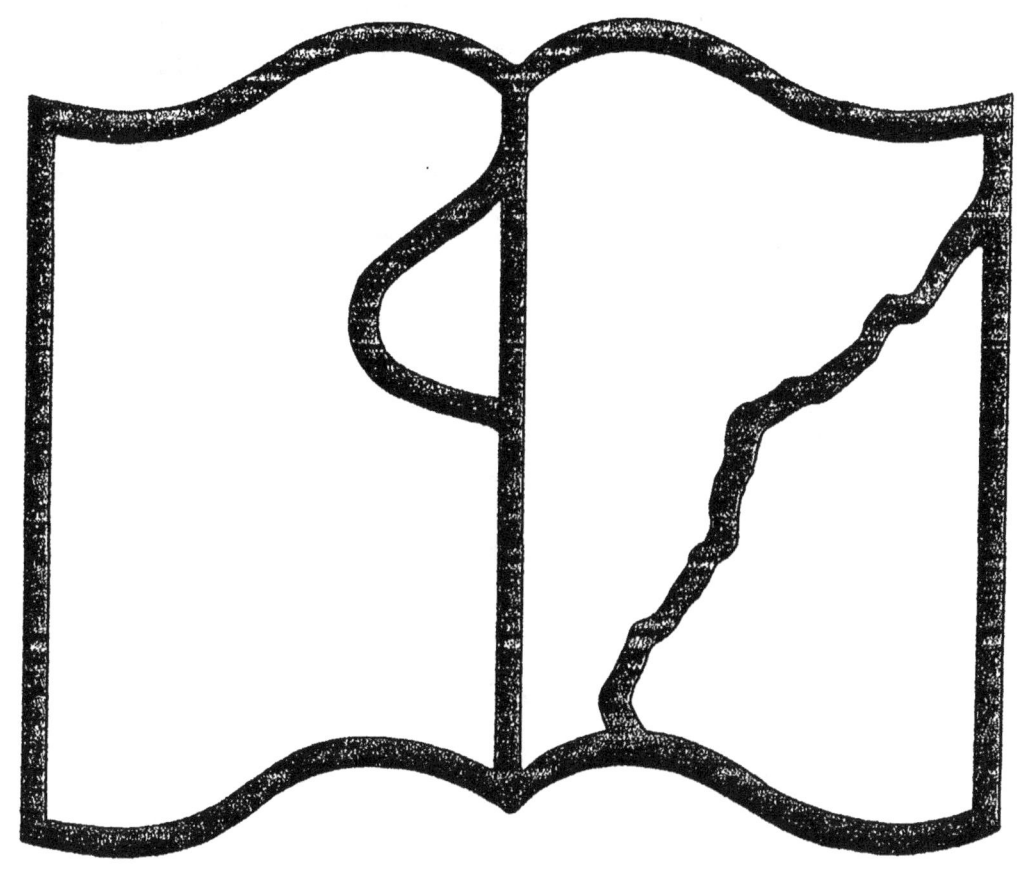

Symbole applicable
pour tout, ou partie
des documents microfilmés

Texte détérioré — reliure défectueuse

NF Z 43-120-11

Z 2284
Az

LETTRES
SUR L'ORIGINE
DES SCIENCES,
ET SUR CELLE
DES PEUPLES DE L'ASIE,

Adressées à M. de VOLTAIRE *par M.* BAILLY,
& précédées de quelques Lettres de M. de
Voltaire à l'Auteur.

Prix, deux livres huit sols.

A LONDRES,
Chez M. ELMESLY.
ET A PARIS,
Chez les Freres DEBURE, Quai des Augustins.

M. DCC. LXXVII.

AVERTISSEMENT.

Dans l'Histoire de l'Astronomie ancienne, publiée l'année dernière, on a parlé d'un peuple détruit & oublié, qui a précédé & éclairé les plus anciens peuples connus. On a dit que la lumiere des sciences & la philosophie semblaient être descendues du nord de l'Asie, ou du moins avoir brillé sous le parallèle de 50 degrés, avant de s'étendre dans l'Inde & dans la Chaldée. On n'a point eu l'intention d'avancer des paradoxes; on a dit simplement ce que les faits ont indiqué. Ces idées nouvelles, établies sur les plus fortes probabilités, ont trouvé des approbateurs & des critiques. On a cru pouvoir se dispenser de répondre aux critiques. Mais ces idées exposées dans l'Histoire de l'Astronomie, n'étaient qu'un accessoire à un objet principal; on a imaginé qu'elles méritaient d'être présentées séparément, & d'une maniere qui, en exposant les probabilités & les preuves, répondît d'avance aux difficultés & aux objections. Comme M. de Voltaire a proposé quelques difficultés, on a pris la liberté de lui adresser ces éclaircissemens : on s'est honoré de discuter la question devant lui. Il est doux de s'entretenir avec un grand homme : il est naturel de lui soumettre ses idées. Les lettres qu'il a écrites à l'auteur, ont été placées à la tête de l'ouvrage, pour exposer ses doutes, & pour amener le lecteur, par l'intérêt du style, à l'intérêt de la question discutée.

LETTRES

LETTRES
SUR L'ORIGINE
DES SCIENCES,
ET SUR CELLE
DES PEUPLES DE L'ASIE.

PREMIERE LETTRE
DE M. DE VOLTAIRE A M. BAILLY:

Ce 15 Décembre 1775, à Ferney.

J'AI bien des graces à vous rendre, Monsieur; car ayant reçu le même jour un gros livre de médecine & le vôtre, (*a*) lorsque j'étais encore malade, je n'ai

---

(*a*) L'Histoire de l'Astronomie ancienne, à Paris, chez les freres de Bure, quai des Augustins.

A

point ouvert le premier, j'ai déjà lu le second presque tout entier, & je me porte mieux.

Vous pouviez intituler votre livre *Histoire du ciel*, à bien plus juste titre que l'abbé Pluche qui, à mon avis, n'a fait qu'un mauvais roman. Ses conjectures ne sont pas mieux fondées que celles de ce vieux fou qui prétendait que les douze signes du zodiaque étaient évidemment inventés par les patriarches Juifs ; que Rébecca était le signe de la Vierge avant qu'elle eût épousé Isaac ; que le Bélier était celui qu'Abraham avait sacrifié sur la montagne *Moria* ; que les Gémeaux étaient Jacob & Esaü, &c.

Je vois dans votre livre, Monsieur, une profonde connoissance de tous les faits avérés & de tous les faits probables. Lorsque je l'aurai fini, je n'aurai d'autre empressement que celui de le relire : mes yeux de quatre-vingt-deux ans me permettront ce plaisir. Je suis déjà entiérement de votre avis sur ce que vous dites qu'il n'est pas possible que différens peuples se soient accordés dans les mêmes méthodes, les mêmes connoissances, les mêmes fables & les mêmes superstitions, si tout cela n'a pas été puisé chez une nation primitive qui a enseigné & égaré le reste de la terre. Or il y a long-tems que j'ai regardé l'ancienne dynastie des Bracmanes comme cette nation primitive. Vous connaissez les livres de M. Holwel & de M. Dow, vous citez surtout ce bon homme Holwel.

Vous devez avoir été bien étonné, Monsieur, des fragmens de l'ancien *Shastabad*, écrit il y a environ 5000 ans. C'est le seul monument un peu antique qui reste sur la terre. Il a fallu l'opiniâtreté anglaise pour le chercher & pour l'entendre. Je soupçonnais ce gouverneur de *Calcuta* d'avoir un peu aidé à la lettre. Je m'en suis informé au gouverneur de la compagnie anglaise des Indes, qui vint chez moi il y a quelque tems, & qui est un des hommes les plus instruits de l'Europe. Il m'a dit que M. Holwel était la vérité & la simplicité même. Il ne pouvait assez l'admirer d'avoir eu le courage & la patience d'apprendre l'ancienne langue sacrée des Bracmanes, qui n'est connue aujourd'hui que d'un petit nombre de Brames de *Bénarès*.

Enfin, Monsieur, je suis convaincu que tout nous vient des bords du Gange, astronomie, astrologie, métempsycose, &c. . . . .
. . . .
Je ne puis assez vous remercier de la bonté dont vous m'avez honoré.

Agréez, Monsieur, l'estime la plus sincere & la plus respectueuse &c.

LE VIEUX MALADE V.

N. On a supprimé les réponses aux deux premieres lettres de M. de Voltaire, parce que les choses qu'elles contenaient se retrouvent dans les lettres suivantes,

SECONDE LETTRE
DE M. DE VOLTAIRE.

19 Janvier 1776, à Ferney.

J'OSE toujours, Monsieur, vous demander grace pour les Bracmanes. Ces Gangarides qui habitoient un si beau climat, & à qui la nature prodiguait tous les biens, devaient, ce me semble, avoir plus de loisir pour contempler les astres, que n'en avaient les Tartares Kalcas & les Tartares Usbeks. Les autres Tartares Portugais, Espagnols, Hollandais & même Français, qui sont venus ravager les côtes de Malabar & de Coromandel, ont pu détruire les sciences dans ces pays-là, comme les Turcs les ont détruites dans la Grece. Nos compagnies des Indes n'ont pas été des Académies des sciences . . . .
. . . .

Je n'ai pas de peine à croire que nos

soldats envoyés dans l'Inde, & nos commis, encore plus cruels & plus fripons, aient un peu dérangé les études des écoles que Zoroastre & Pythagore venaient consulter. Mais enfin, nous n'avons point encore brûlé *Bénarès*; les Espagnols n'y ont point établi l'inquisition comme à Goa; & l'on m'assure que dans cette ville, qui est peut-être la plus ancienne du monde, il y a encore de vrais savans.

Les Tartares vinrent plus d'une fois subjuguer ce beau pays, mais ils respectaient *Bénarès*; & il y a encore un grand païs voisin, où ce qu'on appelle l'âge d'or s'est conservé.

Il ne nous est jamais venu de la Scythie européenne & asiatique que des tigres qui ont mangé nos agneaux. Quelques-uns de ces tigres, à la vérité, ont été un peu astronômes quand ils ont été de loisir, après avoir saccagé tout le nord de l'Inde. Mais est-il à croire que ces tigres partirent d'abord de leurs tanieres avec des quarts de cercle & des astrolabes ? Rien n'est plus ingénieux & plus vraisemblable, Monsieur, que ce que vous dites des premieres observations, qui n'ont pu être faites que dans des païs où le plus long jour est de seize heures, & le plus court de huit. Mais il me semble que les Indiens septentrionaux, qui demeuraient à *Cachemire* vers le 36ᵉ degré, pouvaient bien être à portée de faire cette découverte.

Enfin, ce qui me fait pencher pour les Bracmanes, c'est cette foule de témoignages avantageux que l'antiquité nous fournit en leur faveur. Ce sont ces voyages étonnans entrepris des bouts de l'Europe pour aller s'instruire chez eux. A-t-on jamais vu un Philosophe Grec aller chercher la science dans les païs de *Gog* & de *Magog* ?

Il est vrai que les Bramines d'aujourd'hui qui demeurent à Tanjaour, ne sont que des copistes qui travaillent de routine, & dont nous avons beaucoup dérangé les études. Mais songez, je vous en prie, qu'il n'y a plus de Platon dans Athenes, ni de Ciceron dans Rome.

Ce que je sais certainement, c'est que vous citez des livres qui ne valent pas le vôtre, à beaucoup près; que je vous ai une extrême obligation de me l'avoir envoyé & de m'avoir instruit, & que je vous demande pardon d'avoir quelque scrupule sur un ou deux points. Le doute sert à raffermir la foi.

J'ai l'honneur d'être avec reconnaissance & avec l'estime la plus respectueuse, &c.

Le vieux malade V.

TROISIEME LETTRE

DE M. DE VOLTAIRE A M. BAILLY (a).

A Ferney le 9 Février 1776.

Vous faites, Monsieur, comme les missionnaires qui vont convertir les gens dans les païs dont nous parlons. Dès qu'un pauvre Indien est convenu de la création *ex nihilo*, ils le menent à toutes les vérités sublimes dont il est stupéfait.

Vous n'êtes pas content de m'avoir appris des vérités long-tems cachées, vous voulez toujours que je croie à votre ancien peuple perdu ; je vous avoue que je suis fort ébranlé, & presque converti. D'abord votre conjecture très-ingénieuse & très-plausible, que l'astronomie avoit dû naître dans les climats où le plus long jour est de seize

---

(a) Cette lettre est déjà imprimée à la suite du Commentaire sur les Œuvres de l'auteur de la Henriade.

heures, & le plus court de huit, m'avait vivement frappé. Il n'y a que ma faibleſſe pour les anciens Bracmanes, pour les maîtres de Pythagore, qui m'avait un peu retenu. J'avais lu Bernier il y a long-tems. Il n'a ni votre ſcience, ni votre ſagacité, ni votre ſtyle. Il me parut qu'il parlait de la philoſophie antique de l'Inde, comme un Indien parlerait de la nôtre, s'il n'avoit entretenu que nos bacheliers européens au lieu de s'inſtruire avec vous. Bernier fit un petit voyage à *Bénarès*, d'accord ; mais avait-il converſé avec le petit nombre de Brames qui entendent la langue du Shaſtah ? Deux directeurs du comptoir anglais de Calcuta, peu éloigné de *Benarès*, m'aſſurerent, il y a quelques années, que les véritables ſavans Brames ne ſe communiquaient preſque jamais aux étrangers......
....

Cependant, Monſieur, il me paroiſſait très-ſurprenant qu'un peuple qui

certainement avait cultivé les mathématiques depuis 5000 ans, fût tombé dans l'abrutissement que Bernier & d'autres voyageurs lui attribuent. Comment dans la même ville, a-t-on pu inventer la géométrie, l'astronomie, & croire que la lune est cinquante mille lieues au delà du soleil ? Ce contraste me faisait de la peine ; mais l'aventure de Galilée & de ses juges m'en faisait davantage, & je me disais, comme arlequin : *tutto il mondo e fatto come la nostra famiglia.* Ensuite je me figurais qu'une nation pouvait avoir été autrefois très-instruite, très-industrieuse, très-respectable, & être aujourd'hui très-ignorante à beaucoup d'égards, & peut-être assez méprisable, quoiqu'elle eût beaucoup plus d'écoles qu'autrefois. Si vous alliez aujourd'hui, Monsieur, commander une quinquireme au sacré collége, je doute que vous fussiez servi.
. . . .

Il faut vous faire ma confession entiere. Je me souvenais qu'autrefois nos nations de la zone tempérée n'imaginaient pas que la terre fût habitée au-delà du 50ᵉ degré de latitude boréale, & je faisais encore honneur à mes Bracmanes d'avoir deviné que le plus long jour d'été étoit double du plus court jour d'hiver. Je pardonnais aux Grecs d'avoir placé ces ténebres cymmériennes précifément vers le 50ᵉ degré.

Enfin, Monfieur, pardonnez-moi furtout fi la faibleffe de mes organes ne m'avait pas permis de croire que l'aftronomie cût pu naître chez les Usbeks & chez les Kalcas. J'habite depuis plus de vingt-quatre ans un climat couvert de neiges & de frimats affreux comme le leur ; pendant fix mois de l'année au moins, nos étés nous donnent rarement de beaux jours & jamais de belles nuits. J'ai eu long-tems chez moi un Tartare fort aimable envoyé par l'Impératrice de Ruffie ; il m'a dit que le mont Caucafe n'eft pas plus agréable que le mont Jura ; & je me suis imaginé qu'on n'était gueres tenté d'observer assidûment les étoiles sous un ciel si triste, surtout lorsqu'on manquait de tous les secours nécessaires. L'abbé Chape a observé le passage de Venus sur le Soleil à *Tobolsk* vers le 58ᵉ degré, sur le terrein le plus froid & sous le ciel le plus nébuleux, mais il était muni de toute la science de l'Europe, des meilleurs instrumens, de la santé la plus robuste; encore mourut-il bientôt après de telles fatigues.

J'étais donc toujours persuadé que le païs des belles nuits étoit le seul où l'astronomie avait pu naître. L'idée que notre pauvre globe avoit été autrefois plus chaud qu'il n'est, & qu'il s'était refroidi par degrés, me faisait peu d'impression. Je n'ai jamais lu le feu central de M. de Mairan ; & depuis qu'on ne croit plus au Tartare, il me semblait que le feu central n'avait pas grand crédit.

Le phénix ne me paraissait pas inventé par les habitans du Caucase: mais enfin, Monsieur, tout ce que vous avancez me parait d'une si vaste érudition, & appuyé de si grandes probabilités, que je sacrifie sans peine tous mes doutes à votre torrent de lumieres.

Votre livre est non seulement un chef-d'œuvre de science & de génie, mais un des systêmes les plus probables. Il vous fera un honneur infini. Je vous remercie encore une fois de la bonté que vous avez eue de m'en gratifier.

Je vous demande bien pardon de mes petits scrupules : vous les chassez de mon esprit, & vous n'y laissez que la tendre estime & la respectueuse reconnoissance avec laquelle j'ai l'honneur d'être, &c.   V.

PREMIERE LETTRE

DE M. BAILLY A M. DE VOLTAIRE.

Exposition des idées qui seront développées dans ces lettres : Examen de la question, si en général les anciens peuples connus, & en particulier les Chinois, ont été inventeurs dans les sciences.

A Paris ce 10 Août 1776.

MONSIEUR,

JE puis bien avoir quelque chose du zele des missionnaires, & même de leur persévérance : *je desire toujours que vous croïez à mon ancien peuple perdu.* Je n'en estime pas moins les Bracmanes que vous prenez sous votre protection. Ils seraient bien fiers, s'ils se connaissaient un pareil apologiste : plus éclairé qu'ils n'ont pu l'être, vous avez aujourd'hui la réputation qu'ils avaient dans l'antiquité. On va à Ferney comme on allait à Bénarès: mais Pythagore eût été mieux inftruit par vous ; car le Tacite, l'Euripide, l'Homere du fiecle, vaut plus à lui feul que cette ancienne académie.

Je connais la longue exiftence des Indiens, je ne doute point des lumieres qu'ils ont eues. C'eft par eux que notre Europe a été éclairée ; la philofophie des Grecs n'était que la philofophie des Brames. *De là cette foule de témoignages que l'antiquité fournit en leur faveur.* Mais ces *lumieres* étaient-elles *nées* aux Indes ? Ont-elles pu *naître* également à la Chine & dans la Chaldée ? Voilà une grande queftion qu'il ne me paraît pas impoffible de réfoudre.

Nous ferons d'accord, en diftinguant les époques. Je remonte au-delà du terme où vous vous arrêtez. Vous daignez me dire que *vous êtes fort ébranlé; & prefque converti* : cette converfion me flatterait beaucoup, fi j'ofais y croire :

troire; mais je vois encore des doutes, même dans votre derniere lettre. Je suis trop jaloux de votre opinion, trop curieux de connaitre la vérité, pour ne pas entreprendre une difcuſſion détaillée, qui m'éclairera par vos nouvelles objections, ou qui vous perfuadera par mes réponſes. Si je n'avais à cœur l'intérêt de la vérité, je n'aurais garde d'entrer en lice avec mon maître. Mais la chofe ne doit pas même être confidérée fous ce point de vue : il n'y a point ici de combat, ni de difpute littéraire ; c'eft un entretien tenu dans l'académie, où Platon préſide, & où le difciple du philofophe propofe des doutes pour recevoir des leçons.

Nous fommes d'accord, Monfieur, fur les faits aftronomiques ; ils font exacts. J'ai tâché de les réunir, de les préfenter fous le point de vue le plus propre à montrer la marche & les progrès de l'efprit humain. Nous ne différons que fur quelques idées placées à la

B

tête de mon ouvrage sur l'histoire de l'astronomie ancienne : c'est le résultat de mes travaux & de mes recherches ; mais on peut les considérer comme la base de l'édifice. Elles appartiennent à ces tems anciens , & , pour ainsi dire , primitifs , qui renferment dans leur obscurité l'invention des choses. Nous distinguerons, si vous le voulez bien, ce que j'ai établi comme des vérités, de ce que j'ai proposé comme des conjectures.

J'ai dit qu'en considérant avec attention l'état de l'astronomie à la Chine, dans l'Inde, dans la Chaldée, *nous y trouvons plutôt les débris que les élémens d'une science.* Si vous voïez, Monsieur, une maison de païsan, bâtie de cailloux mêlés à des fragmens de colonnes d'une belle architecture, ne concluriez vous pas que ce sont les débris d'un palais, construit par un architecte plus habile & plus ancien que les habitans de cette maison ? Les peuples de l'Asie, héritiers d'un peuple antérieur, qui avait des sciences ou du moins une astronomie perfectionnée, ont été dépositaires & non pas inventeurs. Voilà ce que je crois vrai, même à l'égard des Indiens, & ce que j'essaierai de vous prouver avec plus de détail. J'ai ajouté que certains faits astronomiques appartenaient à une latitude assez haute dans l'Asie. Voilà ce qui est encore très-vrai. Ces faits étant fort anciens, j'ai cru qu'ils pouvaient indiquer la patrie du peuple primitif. J'ai conjecturé que les sciences nées à cette latitude septentrionale, étaient descenduès vers l'équateur pour éclairer les Indiens & les Chinois, & que, contre l'opinion reçue, les lumieres étaient venues du nord vers le midi. J'ai donné cette conclusion, non comme une vérité démontrée, mais comme une opinion très-probable. J'ai fini par une espece de roman philosophique. La plupart des anciennes fables, considérées physiquement, semblent appartenir au nord de la terre ; on dirait que leurs explications réunies indiquent les habitations successives du genre humain & sa marche du pôle vers l'équateur, en cherchant la chaleur & des jours plus égaux. Si ce tableau m'a paru singulier, assez curieux pour être présenté, je n'ai pas cru proposer une vérité, je n'ai pas même voulu en faire un systême.

Voilà, Monsieur, ce que j'ai avancé, & ce qu'il s'agit d'examiner. Observons d'abord les anciens peuples de l'Asie, Chinois, Chaldéens, Indiens, & voïons s'ils peuvent avoir été inventeurs. L'esprit d'invention n'appartient pas à tous les siecles. Cependant si dans une longue existence quelques peuples en sont totalement privés, c'est sans doute un effet de l'influence du climat, & une suite du caractere national. Certaines propriétés des choses, certains phénomènes ont été découverts sans dessein ; mais il est rare que le hasard surprenne ainsi la nature : en général, elle ne se montre qu'à ceux qui la follicitent. Il n'y a point d'invention fans recherches, point de génie fans mouvement. L'invention dépend effentiellement d'une certaine inquiétude de l'efprit, qui fans ceffe tire l'homme du repos, où il tend fans ceffe à revenir : elle lui donne la force de vaincre les obftacles, elle le tranfporte dans les fpheres du monde & dans tous les domaines de la nature. Lorfqu'une nation eft troublée par la guerre & par les factions, ou avilie par l'efclavage & par l'oppreffion, cette inquiétude à laquelle on offre un autre aliment, fe portera fur des objets plus chers à l'ambition & à l'intérêt, ou s'affaiblira par le découragement de la fervitude, & pourra s'anéantir avec l'énergie de l'ame, néceffaire à tous les efforts. Chez une nation paifible & heureufe, elle amenera néceffairement les progrès des arts & des fciences ; elle fe manifeftera par des effets. S'il eft donc un peuple qui fe livre à l'obfervation plus par usage & par habitude que par goût, qui cherche à voir dans les phénomenes plutôt ce qu'il y a vu que ce qu'il peut y voir de nouveau ; si toujours content de ce qu'il possede, il ne tend point à s'enrichir, à augmenter la masse des faits de la nature, à quoi lui servira le génie, ou la puissance de les rapprocher & de les comparer ? Qui d'ailleurs mettra cette puissance en action, si l'indolence est la base de son caractere, s'il est enchaîné par le respect de l'usage, si les nouvelles idées n'ont de prix, ne donnent de gloire que par leur conformité avec les anciennes ? Ce peuple est sans énergie & sans mouvement. N'ai-je pas droit de conclure que la nature lui a refusé le génie, ou que ses institutions le lui ont enlevé. Les forces du corps s'anéantissent par l'inaction, par les recherches du luxe & de la délicatesse : il est de même une sorte de mollesse pour l'ame, ses facultés se perdent dans le repos.

Dès qu'on ne veut admettre que les pensées des anciens, l'imagination n'a plus d'aîles, le génie plus de ressort, & à ces dons du ciel succede une langueur, une inertie, qui s'oppose à toute création. Ceci, comme vous le voyez, Monsieur, est l'histoire des Chinois. Personne ne peut mieux les connaître que ceux qui ont long tems vécu chez eux. Le P. Parennin était un homme instruit, il avait de l'esprit & de la pénétration ; on peut l'en croire. *Si*, dit-il, *les Chinois des tems reculés n'ont pas fait faire plus de progrès à l'astronomie, c'est qu'ils étaient à peu près de même caractere & de même génie que ceux qui vivent aujourd'hui; gens superficiels, indolens, ennemis de toute application, qui préferent un intérêt présent & solide, selon eux, au vain & stérile honneur d'avoir découvert quelque chose de nouveau dans le ciel.* Obligés de rendre compte à la Cour, les astronômes craignent les nouveaux phénomenes autant qu'on les souhaite en Europe. Les Chinois sont persuadés que tout doit être uniforme dans les astres, comme dans leur famille & dans leur empire. Toute nouveauté qui parait au ciel, est une marque de son indignation, soit contre le maître qui gouverne, soit contre les mauvais mandarins qui foulent le peuple. On peut juger de l'accueil que ces astronomes reçoivent du maître & des courtisans. Je comparerais volontiers, ajoute le P. Parennin, ceux qui veillent jour & nuit sur l'observatoire de Pekin, aux védettes ou gardes avancées de nos armées, qui ne souhaitent rien moins que de voir approcher l'ennemi, parce qu'il n'y a que des coups à gagner pour eux. (*a*)

Si le Président du tribunal des mathématiques se trouvait un homme riche, amateur des sciences, & qu'il s'étudiât à les perfectionner; s'il voulait

―――――――――

(*a*) Lettres édifiantes, Tome XXIV, page 25.

multiplier les observations, ou réformer la maniere de les faire, il exciterait aussi-tôt un soulevement général parmi les membres du tribunal; tous s'obstineraient à rejeter une pratique nouvelle, dans la crainte de commettre des fautes, toujours punies par le retranchement des pensions. *N'est-ce pas,* diraient-ils, *chercher à mourir de faim pour être utile aux autres?* (a) Jugez-vous, Monsieur qu'une pareille disposition soit favorable au progrès des sciences? Si l'on eût pensé comme eux en Europe, nous n'aurions point eu Descartes, Galilée, Cassini, ni Newton. Je crois bien que ce sont les savans vulgaires qui parlent ainsi; mais s'il est des hommes rares qui se distinguent, les grands efforts de la nature n'ont-ils pas quelque proportion avec ses efforts ordinaires? La hauteur des pensées d'un homme de génie n'est-elle pas relative

---

(a) Lett. édif. Tom. XXI, p. 95.

à l'élévation commune & actuelle des esprits ? Quoiqu'il ait la tête au-dessus de la foule, si cette foule est composée de nains, ce ne sera encore qu'un petit homme.

C'est cet éloignement de toute nouveauté qui a empêché que dans l'observatoire de Pékin, on ne se servît de lunettes pour les objets qui échappent à la vue, & de pendules pour la précision de la mesure du tems. Le palais de l'Empereur en est bien fourni : elles sont faites par les plus habiles ouvriers d'Europe. Les Chinois les copient & les imitent avec beaucoup d'adresse. L'usage pourrait donc facilement en devenir général ; mais ces lunettes & ces pendules demeurent dans les cabinets du palais sans exciter d'émulation, comme les magots que les Chinois nous envoient en échange restent sur nos cheminées, sans que nos sculpteurs célèbres soient tentés de les imiter. L'Empereur Cang-hi a fait réformer les tables

astronomiques, & placer dans l'obser‑
vatoire une partie de ces beaux inſtru‑
mens. Il n'en a cependant point ordonné
l'uſage à ſes mathématiciens (*a*).

Les vaiſſeaux de la Chine ſont mal
conſtruits, & quoique les Chinois ne
puiſſent refuſer leur admiration à ceux
qui nous tranſportent chez eux, leurs
charpentiers paraiſſent ſurpris qu'on
leur propoſe de les imiter. Ils diſent
que leur fabrique eſt l'ancien uſage de
la Chine ; & ſi l'on inſiſte, en mon‑
trant que cet uſage eſt mauvais, ils
répondent que c'eſt aſſez qu'il ſoit éta‑
bli dans l'empire (*b*). Remarquons,
Monſieur, que ce n'eſt pas ſeulement
l'effet de la prévention nationale contre
tout ce qui vient de l'étranger. L'or‑
gueil d'un peuple puiſſant, toujours
iſolé, y contribue ſans doute ; mais
ſur‑tout le reſpect pour l'uſage, en‑
tretenu par une longue habitude, &

(*a*) Lett. édif. Tom. XXI, p. 95.
(*b*) Ibid. p. 331.

maintenant défendu par la paresse. La variété, qui n'est pas un besoin pour ce peuple, n'y produit pas l'invention. L'habitude rend les jours tristement semblables; les démarches sont dictées, les plaisirs sont uniformes, le soleil ne s'y leve que pour voir les mêmes choses; le cérémonial est réglé dans un livre écrit il y a plus de trois mille ans; car les loix de la politesse chinoise sont plus anciennes que celles de la justice en Europe. Mais ces loix qui prescrivent les moindres actions, la formule des paroles & le nombre des révérences, sont peut-être une des causes du peu de progrès des connoissances. L'attention suffit à peine à ces devoirs de tous les momens. Tant de cérémonies laissent à l'esprit ainsi contraint, bien peu de tems pour agir. Un cheval dompté, qui fait tristement le manege dans un cercle, n'a point la démarche fiere & vive, ni les élans vigoureux d'un cheval en liberté.

Si dans la longue exiſtence de la monarchie chinoiſe quelque aſtronôme a brillé par une étincelle de génie, cette lueur s'eſt bientôt éteinte. Après ſa mort ſes inventions ont été perdues, ou plutôt négligées, ſes méthodes abandonnées. Cocheou-king, aſtronôme fameux & digne de quelqu'eſtime, au 13ᵉ ſiecle, avait fait conſtruire de beaux inſtrumens, il en avait même peut-être inventé quelques-uns. On les conſerve encore ſoigneuſement; mais ils ſont dans une ſalle fermée où perſonne n'entre, & où les Jéſuites, malgré le crédit dont ils ont joui, n'ont jamais pu pénétrer (a). Vous verrez, Monſieur, dans l'hiſtoire de l'aſtronomie moderne, que le tems & la patience des Chinois ont fait faire de loin en loin quelques pas à la ſcience ; mais ce ſont des remarques aſſez ſimples, que l'obſervation conſtante mettait néceſſairement

---

(a) *Souciet*, Recueil des obſerv. faites aux Indes & à la Chine, Tom. II. p. 108 & 115.

sous les yeux. C'est ainsi qu'ils reconnurent l'inégalité du mouvement du soleil & de la lune, qu'ils perfectionnerent la durée de leurs révolutions, qu'ils apperçurent le mouvement par lequel les étoiles s'avancent lentement le long de l'écliptique. Mais la plupart de ces belles connoissances périssaient avec leurs auteurs : la génération suivante ne daignait pas en profiter. La nature est comme une place forte, assiégée depuis le commencement du monde ; nous tentons d'en forcer les retranchemens, & les hommes se succedent en montant sur les épaules les uns des autres. Les Chinois n'ont point usé des avantages de ceux qui viennent les derniers : j'en conclus qu'ils n'ont eu dans aucun tems le véritable esprit des sciences, &, pour trancher le mot, qu'ils ont été dépourvus de génie. On ne trouve dans leurs écrits aucune connaissance des causes ; on n'y voit point une marche sûre, fondée sur des principes : ce font des gens qui vont à tâtons dans un lieu inconnu, fur des indications qui leur ont été données. Ils n'ont pas plus inventé l'aftronomie que les aveugles n'ont inventé l'optique. Les Chinois connaiffent, depuis un grand nombre de fiecles, la période de dix-neuf ans ; cette période qui ramene les nouvelles lunes aux mêmes jours du mois ; cette période répandue généralement dans toute l'Afie, & que Méton apporta dans la Grece, où elle fut caractérifée par le nombre d'or : mais, pour la corriger, ils ont imaginé des périodes moins exactes. Ils ne l'eftimaient donc pas ce qu'elle vaut : & c'eft une preuve qu'elle a été réellement inventée dans un tems où les mouvemens du foleil & de la lune étaient mieux connus. L'idée de fon exactitude s'eft d'abord affaiblie, enfuite perdue. Quand la période a été tranfportée à la Chine, on n'a pas été à portée d'en apprécier le mérite; & l'on peut appliquer à ce cycle de dix-neuf ans tout ce qui a été dit de la période de six cens ans, oubliée & méconnue pendant près de quatre mille ans.

Tout dépose d'une ancienne astronomie perdue, mais surtout les efforts des Chinois pour la retrouver. Ils sont persuadés que leurs premiers Empereurs, Fohi, Hoang-ti & Yao, avaient une connaissance parfaite de cette science, que les principes en sont cachés dans différens monumens, & particuliérement dans l'Y-king. Fohi était, selon eux, le pere de cette astronomie : aussi cherche-t-on les vrais principes astronomiques dans ces lignes mystérieuses, appelées *Koua*, qui sont l'ouvrage de cet Empereur. On les cherche encore dans les tuïaux de Bambou, qui étaient la musique d'Hoang-ti. Les nombres du ciel & de la terre, combinés par Confucius & par tant d'autres, sont encore de ce tems. Il est aussi ridicule de chercher l'astronomie dans un instrument de musique,

que le secret du grand œuvre dans les vers d'Homere.

Mais quelqu'abfurde que foit le préjugé des Chinois, quelqu'extravagante que puiffe être cette recherche pénible, la perfuafion intime où ils font que les monumens de Fohi contiennent une ancienne aftronomie établie par cet Empereur, eft une preuve, non feulement qu'elle a exifté chez eux, mais encore qu'elle y avait été tranfportée par Fohi. On voit dans le Chou-king, livre ancien & facré à la Chine, que cette aftronomie avait des connaiffances affez avancées. Fohi, dit-on, dreffa des tables aftronomiques, il donna la figure des corps céleftes & la connaiffance de leur mouvement. Les points des folftices & des équinoxes étaient découverts (a). Peu de tems après on trouve l'invention de la fphere, la véritable durée de l'année de $365^j, \frac{1}{4}$, l'année biffextile, ainfi que la conci-

---

(a) Hift. de l'aftr. anc. Liv. IV. §. 21.

liation des lunaisons avec le mouvement du soleil. Je suis fondé à croire que toutes ces connaissances appartiennent au tems de Fohi ; sans quoi, les Chinois, qui ne font plus de progrès, en auraient fait de bien grands en peu de tems, & sur-tout dans les premiers commencemens, où ces progrès sont plus lents & plus difficiles. Mais je n'insiste ici que sur la connaissance du mouvement du soleil, constatée par celle des équinoxes & des solstices. J'en atteste les astronômes, les philosophes, & sur-tout vous, Monsieur, qui avez si bien observé dans l'histoire la marche lente & pénible de l'esprit humain. Combien n'a-t-il pas fallu donner de siecles à l'étude du ciel, pour soupçonner seulement le mouvement du soleil ! Combien de siecles ensuite pour déterminer les quatre intervalles de sa course ! Concluons donc, Monsieur, comme je l'ai déjà fait (a), que cette invention de

___
(a) Hist. de l'astr. anc. Liv. I. §. 11.

la sphere, ces connoissances qui n'ont pu être acquises que par une étude réfléchie & par de longues observations, appartiennent à une science déjà fondée & depuis long-tems cultivée. Ce n'est l'ouvrage ni d'un homme, ni d'un siecle. Ce n'est point non plus l'ouvrage des Chinois antérieurs à Fohi; ils étaient grossiers, c'est lui qui les civilisa. Il serait assez singulier qu'il eût appris d'eux l'astronomie, lui qui leur enseigna l'usage des choses les plus nécessaires à la vie. On ne peut s'arrêter un seul instant à cette supposition absurde, & l'on arrive à cette conséquence nécessaire, que les premieres connaissances astronomiques étaient étrangeres (*a*),

___

(*1*) Le P. Parennin a également senti que les premieres connaissances astronomiques avaient été apportées à la Chine.. *Lett. édif.* Tome XXI, p 90.

Voyez aussi les Mémoires concernant l'histoire, les sciences des Chinois, par les Missionnaires de Pékin, publiés en 1776. Le P. Ko, Missionnaire né à la Chine, dit positivement qu'au tems d'Yao, l'empire étoit peu étendu, la nation peu nombreuse, mais que les connaissances dans tous les genres, & sur-tout dans l'astronomie, trop avancées pour un peuple naissant, lui avaient été apportées; p. 232, 237, 239.

C ij

& que Fohi(a), étranger lui-même, les tranſporta à la Chine. Alors tout s'explique naturellement & ſans effort; ces connaiſſances primitives, ſi ſingulieres dans une ſociété naiſſante; cette inertie des eſprits chinois, preſqu'incapables de mouvement & d'invention; ce reſpect ſuperſtitieux pour le ſavoir, le génie, & les prétendues inventions de leur fondateur; cette autorité paternelle qui fait la baſe du gouvernement chinois, image agrandie de l'autorité domeſtique de Fohi. Jamais une influence plus profonde, un empire plus durable, n'ont été accordés à un homme ſur l'opinion des hommes. Cette in-

_____

(a) Le P. Ko ſemble reléguer Fohi dans les tems fabuleux, & regarde Yao comme le vrai fondateur de l'empire de la Chine. Si cela eſt, il ne s'agit que de ſubſtituer ici le nom d'Yao, & tout ce que je dis n'en ſera pas moins évident. Je perſiſte cependant à croire que Fohi eſt la véritable origine des connaiſſances des Chinois, & celui qui les inſtruiſit en régnant ſur eux ; 1°. parce que les traditions le diſent ; 2°. parce qu'il reſte de lui ces fameux *Koua*, dont l'explication eſt la baſe de l'Y-king, le premier des cinq livres canoniques ; 3°. enfin parce qu'il a laiſſé une grande vénération après lui.

fluence subsiste depuis quatre mille sept cens ans ; & comme le nord parait épuisé de conquérans, elle sera peut-être éternelle, ainsi que cet empire puissant par sa masse & par sa sagesse. Malgré ce long souvenir, Fohi pourrait n'avoir été qu'un homme ordinaire. Les circonstances plus que le génie font les succès. On n'est point prophete dans son païs ; on a plus facilement des autels dans une terre étrangere. Le moindre de nos faiseurs d'almanach, parvenu chez une nation sauvage, paraîtra avoir des relations avec le ciel : en conséquence il aura le choix, ou de passer pour un Dieu, ou de n'être tout simplement qu'un homme inspiré. Fohi eut certainement l'esprit juste & éclairé, le cœur droit & vertueux, car il ne voulut passer ni pour l'un ni pour l'autre. L'admiration qui a défendu sa mémoire de l'oubli des siecles, était assez forte sans doute dans sa source même, pour lui rendre les honneurs divins, s'il l'eût permis. Je me le repréfente arrivant à la Chine avec fa famille, fixant fa demeure dans des campagnes affez peu habitées pour permettre de nouveaux établiffemens. Je vois l'étonnement de ces hommes groffiers à la vue d'une famille civilifée, au fpectacle des commodités de la vie fociale. Ses connaiffances dans les arts, dans l'aftronomie, iffues de fa patrie éclairée, éclairent fa patrie d'adoption. L'admiration le fuit, les hommes fe raffemblent autour de lui, les villes s'élevent, un peuple fe forme, un grand empire commence. Le befoin a fondé la dépendance, la fageffe produit l'obéiffance. Ah ! Monfieur, lorfque tant de fois les hommes errans ont été réunis par l'efclavage, lorfque tant d'empires ont commencé par les guerres, il eft bien doux de trouver un gouvernement dont l'origine eft l'amour.

En rapprochant les vertus des Chinois de l'efprit de paix qui regne dans la monarchie, on voit que cet esprit doit remonter à leur instituteur : c'est l'influence de sa vertu, & le produit d'un respect inaltérable. Chez ce peuple, que la nature a fait patient, ami du repos par l'indolence, incapable de cette inquiétude qui se fait du changement un besoin, & qui supporte le joug, pourvu qu'il varie, ce respect a jeté de profondes racines. Ces hommes dociles, paitris par la main de Fohi, sont restés tels qu'il les a moulés : Prince & sujets sont également enchaînés par ce respect, également gouvernés par l'habitude. L'empire a commencé par une famille; elle s'est étendue avec le tems, mais sans rien perdre de son esprit, de son unité, de sa soumission. Les Chinois sont encore les enfans de Fohi, toujours représenté par l'Empereur. Si ce tableau est exact & fidelle, nous pouvons en conclure que l'esprit des Chinois n'est aujourd'hui que celui de leur premier législateur, que leur aftronomie n'eft encore que la fienne, qu'il était étranger, & que les connaiffances déjà affez mûres qui paraiffent éclore avec l'empire chinois, ont été apportées par lui d'un pays où elles étaient depuis long-tems établies & familieres. Je fouhaite, Monfieur, que mes idées fe trouvent conformes aux vôtres. Je les foumets entiérement à vos lumieres. Je fens que vous m'abandonnerez facilement les Chinois, & peut-être les Chaldéens, dont j'aurai l'honneur de vous entretenir dans la lettre fuivante ; mais j'ai befoin de toutes mes forces pour parler dignement des Indiens, pour leur affigner la place qui leur convient dans l'hiftoire de l'efprit humain, fans rien ôter à la nobleffe de vos Brames, infiniment refpectables par leur antiquité, par les connaiffances qu'ils nous ont tranfmifes, & fur-tout par leur défenfeur.

Je fuis avec refpect, &c.

SECONDE LETTRE
A M. DE VOLTAIRE.

Des Perses, des Chaldéens & des Indiens.

Paris, 13 Août 1776.

Trouvez bon, Monsieur, que je vous transporte à l'extrémité du continent de l'Asie ; les montagnes, les déserts ne nous arrêteront pas. Nous n'avons ni armée, ni bagage ; point d'ennemis à combattre, point de vivres ni de retraite à assurer : & puisque Séfostris est parti lestement de l'Egypte sa patrie, accompagné seulement de trois à quatre cens mille hommes, & a conquis la Chine, en terminant glorieusement ce petit voyage de trois à quatre mille lieues, le nôtre n'est plus qu'une promenade ; il ressemble d'ailleurs à celui de ce conquérant, qui n'a jamais été fait qu'en esprit & dans la pensée de MM. Huet & de Mairan.

Entre la mer Caspienne & le golfe Persique, nous trouvons une nation qui, pour l'antiquité, vaut bien les Chinois ; ce sont les Perses, les adorateurs du feu & du soleil. Ce culte est le sceau de l'antiquité ; c'est le plus raisonnable & le plus ancien parmi les hommes qui ont méconnu la cause intelligente & créatrice. Je crois avoir démontré que l'empire des Perses, la fondation de Persépolis, remonte à l'an trois mille deux cent neuf avant J. C. (a) Diemschid qui bâtit cette ville, y fit son entrée & y établit son empire, le jour même où le soleil passe dans la constellation du Bélier. Ce jour fut choisi pour commencer l'année, & il devint l'époque d'une période qui renferme la connaissance de l'année solaire de 365 $\frac{1}{4}$. Nous retrouvons donc encore l'astronomie à la naissance de cet

_____

(a) Hist. de l'astron. ancienne, p. 354.

empire. La circonstance astronomique dont cette fondation est accompagnée, m'a fourni la preuve de son antiquité. C'est au ciel à instruire la terre. Vous savez, Monsieur, qu'on y trouve les élémens & la perfection de la géographie. L'histoire peut également y trouver des secours. Ces archives antiques & durables conservent certains faits, qui peuvent remplir le vide des traditions & renouer le fil des événemens : les observations, les déterminations astronomiques, sont en même tems les plus authentiques & les plus anciens monumens du séjour des hommes sur la terre.

Ce n'est pas un peuple naissant qui consacre la fondation de la premiere ville par l'observation des phénomenes célestes. Je vous prie de m'éclairer, si je m'abuse ; mais ne voyez-vous pas, comme moi, une colonie sortie d'un pays trop peuplé, ou une nation déjà instruite & civilisée, descendant vers un pays plus tempéré, plus fertile,

& s'y établissant avec ses arts & ses connaissances? Nous ne pouvons douter que ces migrations ne fussent plus fréquentes dans un tems où la terre était moins peuplée, les hommes divisés par famille : un corps de nation, puissant par le nombre & par l'union, écartait & chassait facilement devant lui ces petites hordes sans force & sans résistance. Diemschid & son peuple paraissent donc avoir été étrangers à la Perse, comme Fohi le fut à la Chine.

Si nous passons dans la Babylonie, la nuit des tems couvre les premiers commencemens de cet empire : mais lorsque le jour se leve, nous trouvons deux mille cinq cens ans avant notre ère, le regne d'Evechoüs, le premier des Rois nommés Chaldéens. Babylone était sans arts & sans défense ; elle appartenait au premier occupant. Les Chaldéens chasserent les possesseurs; & j'explique ce fait historique, en disant que les premiers avaient l'avantage de la force du corps & des lumieres de l'esprit, les deux premieres sources du pouvoir. Ces lumieres ont tellement influé, que la nation entiere, le pays même, ont perdu leur nom pour prendre celui d'un collége de prêtres qui en étaient les dépositaires. On voit que ce qui frappa le plus dans cette révolution, ce furent les connaissances nouvelles dont les vaincus s'enrichirent. Les impressions, qui se conservent pendant des siecles, ont dû être profondes : on déteste long-tems la mémoire des conquérans ; Alexandre est encore un objet d'horreur pour les peuples paisibles de l'Asie méridionale ; & les tigres modernes sortis des déserts de la Tartarie, n'ayant apporté ni quarts de cercle, ni astrolabes, ont laissé parmi les agneaux du midi le souvenir de la destruction, & n'ont point fait époque de bienfaisance & de lumieres. Les sciences, apportées à Babylone, y furent long-tems cultivées dans un collége de prêtres philosophes, semblable à nos académies par son but & par son utilité : la constance de leurs observations s'est soutenue jusqu'à la chûte de l'empire renversé par Alexandre. On peut donc juger leurs lumieres antiques sur les lumieres qu'ils avoient alors. Si la nature refuse le génie à certains siecles, les connaissances acquites demeurent. Nous n'aurons pas toujours des Dominique Cassini, des Buffon, des Clairaut, des d'Alembert, mais tant que l'académie des sciences subsistera, l'instruction sera la même, & le dépôt des connaissances sera conservé. Cependant nous voyons que chez les Chaldéens le retour des cometes était une opinion plutôt qu'un principe. Il est plus que vraisemblable qu'ils n'avaient point observé ces astres, que leur apparition subite & inattendue fait prendre pour des météores. Hipparque & Ptolémée, qui ont puisé dans les observations chaldéennes, auraient cité celles des comètes : Ptolémée ne parle pas même de ces astres dans son grand ouvrage.

Il reste à expliquer comment des astres, entiérement différens des autres par leur queue & par leur chevelure, ont pu être rangés dans la même classe ; comment une apparition, toujours assez courte, & souvent de peu de jours, qui ne présente naturellement que l'idée d'une formation fortuite & d'une prompte destruction, a pu cependant donner l'idée d'une révolution & d'un retour. Je parle à un homme, à qui les sciences sont familieres, & sur-tout l'esprit des sciences, c'est-à-dire, l'esprit philosophique. Dépouillez-vous pour un moment du génie, qui rapproche si facilement les idées les plus éloignées, descendez au niveau des Chaldéens, & voyez, Monsieur, si vous auriez pu jamais établir sur les apparences des comètes, les principes de leur retour ? Je vois un intervalle immense entre les phénomènes & cette conclusion. Permettez encore une observation à cet égard. Lorsque les sciences se renouvelerent en Europe, on lisait Sénèque qui nous a conservé l'opinion qu'Apollonius Myndien avait prise dans la Chaldée, de la constance du mouvement, & des retours des cometes ; cependant les plus fameux astronomes jusqu'à Ticho, ont regardé les comètes comme des météores. Ticho fut le premier qui rappela l'opinion d'Apollonius ; mais malgré l'autorité de cet homme célebre, Hévélius, toute sa vie, & Dominique Cassini, dans ses premières années, continuerent à les regarder comme des productions de l'air ou de l'éther en mouvement. C'était en 1652 l'opinion générale, c'était l'opinion d'un grand homme, Dominique Cassini (a). On avait alors devant soi les ouvrages des anciens, ceux des

---

(a) Mém. de l'Acad. des sciences 1708, p. 90.

astronômes modernes : la science avait acquis quelque étendue, & l'on était cependant moins avancé que ne le furent jadis les Chaldéens. Comme on ne peut supposer que l'astronomie de Babylone ait surpassé celle du tems dont nous parlons, il paroît naturel de conclure que cette opinion des Chaldéens appartenait à une astronomie plus perfectionnée que ne l'était la nôtre au milieu du dernier siecle ; il paraît du moins incontestable qu'elle était étrangere à Babylone. M. Cassini voyant que le mouvement des cometes était le même & suivait les mêmes loix que celui des planetes, revint à l'opinion d'Apollonius Myndien : mais malgré son génie, s'il n'avait pas eu Apollonius devant lui, l'opinion générale l'aurait peut-être entraîné encore longtems. Et l'on voudrait que les Chaldéens eussent imaginé une hypothese que le grand Cassini n'a pas d'abord admise, quoique déjà inventée !

D

Ce n'est pas tout, Monsieur; la période de six cens ans, cette période conservée & méconnue à Babylone, me fournira un argument de la même force. Ils l'avaient conservée, puisqu'elle est citée par Bérose, un de leurs historiens: ils l'avaient méconnue, puisqu'ils n'en ont point fait usage pour la regle des tems. Il fallait même qu'on n'en fît point mention dans leurs ouvrages d'astronomie, puisqu'Hipparque examinant les périodes chaldéennes du mouvement des astres, ne parle point de celle-ci. Il en faut conclure nécessairement qu'elle n'était point leur ouvrage. Elle y avait donc été transportée; & ces deux faits, la connaissance de la période de six cens ans, & l'opinion du retour des cometes, appartenaient à une astronomie perfectionnée, mais antérieure & étrangere aux Chaldéens. Voilà tout ce que j'avais intention de prouver dans ce moment-ci : passons maintenant aux Indiens.

Ce peuple est bien mieux connu, parce qu'il a plus mérité de l'être. Les Brames sont les maîtres de Pythagore, les instituteurs de la Grece, & par elle de l'Europe entiere. Ils n'ont point attiré les sages de toutes les nations, sans avoir eu une supériorité proportionnée à leur réputation. Leur philosophie est souvent sage & sublime ; permettez-moi d'en admirer avec vous quelques parties.

Je trouve d'abord les dogmes de l'immortalité de l'ame & de l'unité de Dieu, qui, pour les hommes abandonnés à la nature, sont un progrès assez avancé des connaissances humaines. Les Indiens nomment l'être suprême *Achar*, c'est-à-dire, immobile, immuable (a); & en analysant cette définition si simple, peut-être y trouverons-nous une très-grande idée de la Divinité. Ils ont

___

(a) Bernier, liv. III. Hist. gén des voy. Tom. XXXVIII, p. 227.

vu que tous les corps en mouvement cédaient à l'action d'une puissance supérieure : Dieu, qui est la puissance suprême, ne cede à aucune, il doit être immuable. On peut y voir encore quelque chose de plus profond : Dieu est l'origine de toutes les choses, & la cause du mouvement ; la raison du mouvement ne peut être dans le mouvement même, & la cause premiere de tout ce qui se meut doit être immobile. Vous imaginez bien, Monsieur, que nous ne discutons point ici jusqu'où doit s'étendre le principe de la raison suffisante, ni la valeur réelle de ces idées ; il nous suffit de reconnaître qu'elles sont très-philosophiques, & qu'elles n'ont pu naître que chez un peuple éclairé. Je vois encore que c'est à eux que l'on doit l'idée de l'ame universelle, dont tant de philosophes ont fait depuis un si grand usage, & peut-être un si grand abus. Dieu, selon les Brames, a tout tiré de sa propre subſtance. La création n'eſt qu'une extraction, une extenſion; & la fin de toutes choſes ne ſera que la repriſe de cette ſubſtance. Ils diſent que l'être ſuprême eſt ſemblable à une araignée qui produit, tire d'elle-même ſa toile, & la retire quand elle veut. Cette image deſagréable, cette comparaiſon peu digne de ſon objet, n'eſt ſans doute qu'une expreſſion familiere, par laquelle le maître abaiſſait ſes idées au niveau de ſon diſciple, avant de l'élever à la hauteur des principes. Ils ajoutent qu'il n'y a rien de réel dans nos ſenſations, que l'univers n'eſt qu'une illuſion, une eſpece de ſonge, parce que tout ce qui paraît à nos yeux n'eſt qu'une ſeule & même choſe, qui eſt Dieu même, comme tous les nombres 10, 20, 100, 1000, &c. ne ſont qu'une même unité répétée. Ces idées ſont creuſes, fauſſes, mais elles ont quelque choſe de ſublime. Il n'appartient pas à tous les peuples de ſe tromper ainsi. Les enfans tracent des lignes sur le fable, mais quand on y voit des figures de géométrie, on dit que ce sont des pas d'homme. Le P. Mallebranche, qui nous a enseigné que nous voyons tout en Dieu, n'était, sans s'en douter, qu'un indou du dix-septieme siecle. Platon (a) a rapporté dans la Grece cette idée de l'unité sans cesse ajoutée à elle-même : il a établi sur cette unité le triangle par lequel il explique la génération, & il ne nous a donné dans ses divers écrits que les idées indiennes, parées de son éloquence. Il est assez plaisant de représenter l'homme & la femme par deux lignes qui se joignent dans un point, de vouloir que ces deux êtres en produisent un troisieme, afin de compléter leur existence, qui, pour être parfaite, doit être triangulaire. La raison doit quand l'imagi-

---

(a) Voyez le beau chapitre de M. de Buffon sur les idées & les systêmes de Platon, Hist. nat. Tom. III. in-12. p. 108

nation rêve ainsi, mais c'est le sommeil d'une raison éclairée. Les Grecs, tant vantés, tout raisonneurs qu'ils étaient, ne se seraient point élevés à cette métaphysique, s'ils ne s'étaient enrichis des dépouilles de l'Orient, & s'ils n'avaient eu le bon esprit d'enter leur philosophie sur celle de l'Inde.

Cette idée de la génération par un triangle, nous ramene naturellement aux idées indiennes sur la reproduction universelle. Ils pensent que les semences des animaux, des plantes & des arbres, ne se forment point successivement ; qu'elles sont toutes, dès la naissance du monde, disperfées partout, mêlées dans toutes choses, existant en forme d'animaux, de plantes, d'arbres parfaits, mais si petits, qu'on ne peut les distinguer ; il ne leur manque que le développement. N'est-ce pas là, Monsieur, le système d'Harvey, celui des germes préexistans? Si ce système est maintenant abandonné, il n'en est pas moins l'ouvrage du philosophe qui a démontré la circulation du sang. Les Indiens peuvent donc se glorifier d'avoir eu la même idée. Je les en loue; mais j'oserai vous demander pourquoi ils ont mis des rêveries grossieres à côté de ces rêveries profondes; comment on réunit à la fois les jeux de l'âge mûr & ceux de l'enfance. Ils sont fiers de leur université la plus ancienne du monde, de leurs livres encore plus antiques; mais ne pourrait-on pas les prendre pour des héritiers en bas âge, laissés au milieu de livres où ils ne savent pas lire, & qui ont placé des pantins dans la bibliotheque de leurs peres? Je crois voir partout chez eux une philosophie dégénérée, des préceptes dont ils ont perdu l'intelligence, des vérités physiques, couvertes par un style figuré qui les a fait prendre pour des fables. Les deux principes sont un dogme de la théologie persane; mais il doit appartenir à celle des Indes, il existe encore au Pégu (a). Peut-on se dissimuler que ce dogme est l'enveloppe d'une vérité physique ? Le premier coup d'œil jeté sur la nature, y découvre un état de guerre ; hommes, animaux, tous se combattent & se dévorent. Les plantes, les arbres, les fruits sortis du sein de la terre par la main de la nature, sont moissonnés & détruits par elle. Si d'un côté la douce influence du printems, la saison de l'amour, le renouvelement de la végétation, annoncent le soin de conserver les êtres & de réparer leurs pertes, de l'autre les volcans sortis des entrailles du monde, les orages qui parcourent l'atmosphere, les vents glacés qui annoncent le dépérissement & ménacent de la mort, sont-ils des présens de la même main, & peuvent-ils partir de la même source ? C'est cependant toujours la nature qui agit. Elle a des

―――――――――――――
(a) Hist. gén. des voy. in-12. Tom. XXXVI. p. 201.

forces pour créer, elle en a pour anéantir ; elle a donc en elle deux principes qui se balancent & se combattent sans se détruire. Voilà ce que l'observation a fait remarquer, & ce qui a donné naissance au dogme des deux principes. La nature qui crée, qui conserve, est l'organe d'un Dieu bienfaisant ; c'est Orosmade, Osiris, c'est le Dieu qui nous créa, c'est un Dieu rémunérateur de la vertu. La nature qui produit les fléaux destructeurs, est subordonnée au Dieu du mal, à cet Ariman, à ce Typhon, l'ennemi d'Orosmade, d'Osiris, & le patron des méchans. Mais, Monsieur, nous pouvons aller plus loin que ce premier coup d'œil. L'ancien état des sciences paraît avoir été assez complet ; l'astronomie primitive fut assez perfectionnée, comme je crois l'avoir découvert, &, si j'ose le dire, démontré, pour que nous accordions à ces tems anciens une physique plus avancée. Les arts & les sciences, nés d'une même mere, font à peu près du même âge; ils se fortifient, ils croissent ensemble. Thalès, qui disait de belles choses aux Grecs qui ne les comprenaient pas, construisait le monde avec de l'eau ; Anaxagore, dans un autre coin de la Grece, prenait le feu pour l'agent universel. Nos physiciens modernes font la nature moins puissante, en lui accordant quatre élémens. Cela signifie que les opérations de la chymie, les analyses des corps, finissent par tout réduire à ces quatre principes dont les corps semblent composés. Sans être Thalès ni Anaxagore, j'ai pris la liberté de me faire un système. Il n'y a point de nouvelliste qui ne réforme l'état ; il n'est si petit Physicien qui ne bâtisse le monde. J'ai osé penser que la nature n'avait que deux principes, distingués par deux grands caracteres, la fixité & la volatilité, c'est-à-dire, le repos absolu & le mouvement : j'ai vu que, depuis l'eau qui se glace & se durcit assez facilement, jufqu'au mercure qu'un froid exceffif a peine à rendre folide & malléable, tous les corps font fufceptibles d'être liquéfiés par un feu violent, ou durcis par un froid extrême. J'ai cru voir que le feu était la feule fubftance effentiellement fluide, le feul principe par lequel toutes les autres peuvent le devenir. J'ai donc confidéré l'élément de la terre comme une fubftance fixe, inerte & fans mouvement; le feu au contraire, comme un élément actif, léger, mobile par fa nature. C'eft à fon mélange avec la terre, c'eft à ce principe enflammé, qui paraît l'ame du mouvement, que nous devons les eaux qui arrofent & fécondent nos campagnes, l'air que nous refpirons, & ces liqueurs qui vont par des canaux flexibles répandre la vie & l'action dans notre admirable & frêle machine. Il y a long-tems qu'une premiere étude de la chymie m'a donné cette idée. Quelques chymiftes célebres ne s'éloignent pas de croire que l'air & l'eau sont des corps composés & non élémentaires. Si personne ne l'a démontré, personne n'a prouvé le contraire. Mais quand les efforts de la chymie éclairée ne pourraient jamais passer au-delà des quatre élémens, quand ces élémens seraient les limites de l'art, il ne s'ensuivrait pas encore que mon opinion fût mal fondée. La nature, dans son travail en grand, exécute des opérations que nous n'imiterons jamais; elle a un vaste laboratoire, & des moyens proportionnés ; il s'ensuivrait tout au plus que pour ôter à l'air & à l'eau leur mobilité & leur fluidité, pour les décomposer & les réduire aux deux élémens primitifs, la terre & le feu, il faudrait travailler comme la nature dans ces cavités profondes qui sont sous la voûte de la terre, & mettre en action ces feux immenses qu'elle recele dans son sein pour alimenter les volcans. Ne craignez pas, Monsieur, que je pousse plus loin la construction de l'édifice, je ne ferais qu'un roman. Il nous suffit d'avoir vu commencer la nature, je n'ai ni le courage ni la force de la suivre dans le tems & dans l'espace. Je me borne à vous faire observer que si les anciens physiciens ont réduit, comme moi, tous les êtres à deux élémens, la nature, selon eux, n'avait réellement que deux principes, deux principes contraires & ennemis, celui du repos & celui du mouvement. Cette physique enveloppée dans des métaphores, a été mal entendue par le vulgaire, & le système physique est devenu un système de théologie. Ne croyez pas que je prête aux Orientaux une idée qu'ils n'ont point eue. Vous la trouverez dans la philosophie chinoise : elle réduit tout au repos & au mouvement : elle n'admet que deux principes ; une matiere simple, en repos, qui est l'*in*, & le mouvement qui la modifie & produit l'*yang*. Les cinq élémens chinois sont composés seulement de ces deux principes (a). On ne connaîtra jamais bien l'ancien état des sciences orientales, qu'en comparant, qu'en rassemblant les connaissances que les différens peuples se sont partagées; & si l'on en recueille assez pour entreprendre un jour d'en former un corps, il arrivera peut-être que les membres réunis formeront un colosse. Il me parait plus que vraisemblable que les choses se sont passées ainsi. Les philosophes, après de longues recherches & beaucoup d'expériences, ont annoncé qu'il y avait deux principes dans la nature, & le peuple en a fait des Dieux qui se battent sur la terre, l'un pour faire le mal, l'autre pour l'empêcher. Quand le méchant se repose, nous jouissons de ce peu de bien qui nous fait supporter la vie; quand le bon est épuisé par ses efforts, les calamités renaissent,

---

(*a*) Hist. gén. des voy. *in*-12. Tom. XXIII, p. 88.

les infortunes éprouvent la vertu, & le peuple se console avec cette théologie, tandis que le sage se calme par l'idée d'un Dieu unique & juste, & par le témoignage de sa conscience.

Le système de la métempsycose, le dogme de la transmigration des ames cache également une vérité physique. Toutes ces théologies profanes ne sont que des vues de la nature, des applications à la morale. Rien n'est plus aisé que la transformation d'une vérité en erreur. Les idées se déforment dans les conceptions fausses, & comme il y a peu d'esprits justes, il y a beaucoup d'applications ridicules. C'est ainsi que le dogme pur de l'immortalité de l'ame, de son existence continuée après la mort, a produit dans les imaginations égarées & timides, la peur des esprits, & la croyance aux revenans. La transmigration des ames ne semble pas une idée qui naisse d'elle-même à l'inspection des choses. La premiere fois qu'un homme

homme a vu mourir son semblable, la cessation du mouvement ne lui a paru qu'un sommeil ; ce sommeil prolongé ne l'aurait pas désabusé, s'il n'eût apperçu la désunion des parties, & les marques de la destruction. A ce spectacle effrayant, il ne s'est présenté à lui qu'une seule idée, celle de la destruction même, de l'assujettissement à une fin nécessaire, comme tous les êtres qui meurent par milliers autour de lui, comme les plantes, les arbres coupés dans leurs racines, ou tombans de vétusté. Il a reconnu qu'il avait le pouvoir de créer des êtres de son espece, tandis que la nature avait celui de les anéantir par les accidens ou par la vieillesse. Il ne s'est plus considéré que comme un voyageur qui part d'un terme pour arriver à un autre, & qui passe de la naissance à la jeunesse, pour revenir par la décrépitude & par la mort. Voilà la philosophie de l'homme abandonné aux lumieres naturelles &

à la raison. L'ennui de la séparation, le regret d'une perte douloureuse, ont perpétué quelque tems le souvenir; mais les besoins, les plaisirs, les passions, en ont nécessairement amené l'oubli, & rien n'a pu faire naître l'idée de la renaissance & du retour à la vie. C'est le génie & l'expérience qui ont été plus loin : & tandis que l'un, par une marche qu'il est inutile de tracer ici, s'est élevé jusqu'à concevoir l'unité de Dieu & l'immortalité de l'ame, l'esprit d'observation a vu tous les êtres se succéder rapidement, amenés & emportés par le tems. Il a remarqué que la nature détruisait d'un côté pendant qu'elle produisait de l'autre, qu'elle semblait se réparer & se reconstruire de ses débris. En effet les fleuves, en descendant avec lenteur, minent insensiblement les collines, pour former au loin des attérissemens, ou se précipitant en torrens, creusent des vallons pour élever des montagnes. Les végétaux, les feuilles des arbres, les arbres eux-mêmes, tombent & pourrissent sur la terre, pour produire de nouvelles végétations. L'animal vit, ou de ces végétaux, ou des animaux mêmes qu'il détruit; leur chair forme sa chair, la mort alimente la vie : & lorsque ces déplorables restes sont livrés à la destruction spontanée & aux forces pénétrantes de la nature, elle semble en former de nouvelles especes, de nouveaux êtres, qui naissent d'une partie & se nourrissent aussi-tôt de l'autre: Les hommes eux-mêmes semblent retirés de dessus la terre pour faire place aux générations suivantes, pour fournir de la matiere à des productions nouvelles. Les philosophes ont imaginé que la nature était toujours & partout vivante; ils ont osé croire que la matiere était éternelle, incréée, que la quantité de cette matiere n'était susceptible ni d'augmentation, ni de diminution, & que depuis le commencement des choses, elle circulait d'êtres en êtres, & de productions en productions (*a*). Vous voyez, Monsieur, que la circulation de la matiere une fois établie, celle des esprits, des ames, n'en est plus qu'une application assez naturelle.

En combinant toutes ces observations, que l'on prit pour des faits, avec la métaphysique de l'ame immortelle, le peuple, ou peut-être des philosophes moins profonds, moins sages & plus hardis, ne purent se persuader que les ames fussent créées à mesure & au besoin; remplis d'une idée particuliere de grandeur, de magnificence & de justice, ils ont pensé que Dieu les avait tirées de lui-même à la fois & d'un seul jet, pour habiter constamment sur la terre; sé-

---

(*a*) Ce système est en effet reçu chez les Brames. Suivant M. Anquetil, ils croyent le monde éternel, la matiere variable seulement par les formes, & produisant successivement tous les êtres; *Zend-avesta*, Tom. I. part. I. p. 139.

jour d'épreuves où elles changent seulement de formes & de demeures, dans une alternative d'expiations & de récompenses. Le peuple, soit qu'il ait été l'auteur de ce système, soit qu'il l'ait seulement adopté, y trouva bien mieux son compte; il lui faut des choses sensibles. L'amertume de la douleur a reçu quelqu'adoucissement de l'idée que la séparation derniere n'était pas totale, qu'un pere chéri, une épouse tendre & fidelle, étaient présens autour de nous, nous animaient de leur souvenir, & jouissaient de nos regrets. C'est ainsi que ce système, trop profond pour la portée ordinaire des esprits, a cependant passé jusqu'à nous. Son enveloppe morale l'a sauvé du naufrage: le cœur & l'amour l'ont gravé dans la mémoire des hommes. Il faut peut-être que les idées philosophiques deviennent populaires, & se transforment en fables, pour se conserver dans une longue suite de siecles.

J'ose espérer, Monsieur, que vous serez de cet avis. N'est-ce pas un principe certain, que partout l'intellectuel est né du sensible? Les opérations de l'intelligence & de l'entendement ne sont connues & figurées que par une application des actes du monde matériel, par le mouvement & l'action mutuelle des êtres physiques. Les êtres moraux ne sont que ces êtres mêmes dépouillés de leurs propriétés particulieres, & réduits à leurs qualités générales. Sans doute, si la nature était mieux connue, en écartant les modifications de la matiere, en préfentant à nû le système des causes, on verrait différens fils se combiner, se croiser, pour unir les faits par une chaîne ramifiée & prolongée jusqu'à la cause intelligente & productrice: ce serait la métaphysique générale. Nous n'avons donc pas une idée, pas un système métaphysique qui ne soit emprunté des faits de la nature: & quand je vois une correspondance exacte, une liaison nécessaire entre le système de la circulation de la matiere & le dogme de la transmigration des ames, j'ose conclure que l'un a précédé, a produit l'autre ; & si l'amour propre ne m'aveugle pas, l'illustre philosophe de Ferney adoptera cette conclusion.

Je ne répéterai point ici, Monsieur, ce que j'ai dit dans mon ouvrage sur l'origine de l'astrologie ; j'ajouterai seulement ici quelques réflexions. Les Indiens disent que la vie de l'homme est écrite d'avance dans la tête de chaque enfant par Brama ; ces caracteres sont ineffaçables : Brama ni aucun des Dieux ne pourraient en empêcher l'effet. D'un autre côté, ils disent que les actions des hommes sont écrites dans les astres, & annoncées par les mouvemens & les aspects de ces astres. Les Missionnaires pensent que les Indiens se contredisent. Si tout a été réglé d'avance par Brama, que devient la force invincible des astres *(a)*?

Il n'y a point de contradiction. Les Missionnaires n'ont pas vu que ces idées naissent du matérialisme. Dès que tout est enchaîné, dès qu'un mouvement général, unique, entraîne & nécessite à la fois tous les êtres matériels & sensibles, l'ordre physique & l'ordre moral suivent une seule & même loi ; l'instant des actions des hommes, comme celui des phénomenes célestes, est marqué ; & puisqu'ils s'accompagnent nécessairement, si les phénomenes célestes sont connus d'avance, les actions, ou les événemens qui y sont liés, pourront l'être également. Il y a contradiction, si l'on veut que les astres soient des agens physiques, capables de verser des influences ; il n'y en a point, si on les regarde comme signes contingens des effets simultanés. Les Indiens ne peuvent répondre à ces objections ; parce qu'ils

---

(a) Lett. édif. Tom. XIII, p. 109.

ont perdu le fil de leurs idées & l'esprit de leurs principes.

Vous voyez, Monsieur, l'idée que j'ai de la philosophie des Indiens. Je la respecte comme vous ; & vous ne me reprocherez point de lui avoir donné trop de profondeur & trop d'étendue. Pardonnez-moi la médisance après l'éloge. Ces connaissances si avancées, si admirables à tant d'égards, n'ont pu être fondées que sur des expériences: elles sont nécessaires pour bâtir les systêmes, encore plus que pour les détruire. Je n'ai point ouï dire que l'on en fît à Bénarès. Les Indiens comptent cinq mille veines dans le corps humain, mais ils n'ont point d'anatomie, puisqu'ils ne se permettent pas la dissection. Leur botanique est celle des gens de la campagne; ils ne connaissent pas même la chymie. Leur médecine n'est, suivant l'usage des premiers siecles, qu'un recueil de préceptes en vers, pour conserver mieux les choses, en soulageant la mémoire par l'harmonie & par la mesure. Toutes leurs sciences sont déposées dans les quatre *Beths*, qui sont leurs livres sacrés. Il me semble que les Indiens sont depuis long-tems, à peu près tels que nous étions sous l'empire d'Aristote. Leurs livres ont le même sort qu'ont eu ses écrits; les commentateurs ont embrouillé le texte, en le chargeant d'explications & de subtilités. On a respecté sur-tout ce qu'on n'entendait pas; on a tout embrassé, tout saisi, excepté l'esprit philosophique qui méritait seul d'être conservé. Mais les écrits d'Aristote n'étaient pour nous qu'une science adoptive. Si je tire la conclusion, elle ne sera pas à l'avantage des Indiens.

Ouvrons le *Shaftah*, l'un de ces quatre livres; il commence par une grande vérité, c'est qu'il est insensé à l'homme de sonder les profondeurs de l'essence divine. Il faut bien des travaux & des recherches, il faut que l'homme se décourage, avant que la raison produise cette idée simple & vraie : avide de connaître, il n'y renonce que par l'inutilité des efforts. Nous n'étions pas si avancés dans le siecle dernier, lorsque Leibnitz, Bayle, Clarke, combattoient sur l'origine du mal, la liberté de l'homme, la bonté & la prescience divine. S'ils avaient lu le *Shastah*, ils n'auraient point fondé ces abîmes de la métaphysique. Mais, Monsieur, pourquoi ces hommes, les plus beaux génies du siecle, ces hommes qui ont répandu tant de lumieres, n'étaient-ils pas eux-mêmes plus éclairés? C'est que la vraie philosophie n'était pas encore née. Elle est le résultat de toutes les sciences qui n'avaient pas été cultivées : c'est la maturité de l'esprit humain. Il a été jeune bien long-tems ; nous sommes peut-être encore un peu verts, mais la raison commence à étendre partout son empire. Corneille & Racine étaient des hommes de génie ; il n'ont cependant pas mis la philofophie fur la fcène; elle attendait, pour y paraître, le regne de leur fucceffeur. Elle a peint les hommes & les mœurs dans l'*Effai fur l'hiftoire générale.* Les orateurs, les poëtes, ont parlé après vous le langage des arts, des fciences & de la raifon. Convenons, Monfieur, que ce font les progrès de ces arts & de ces fciences qui ont amené le regne de la philofophie, que cette philofophie les fuppofe néceffairement, & que par la nature des idées on peut connaître l'âge de l'efprit humain. Mais on ne gâte point foi-même fon ouvrage. Lorfqu'une nation a paffé l'époque de la jeuneffe, le génie peut lui manquer, l'imagination peut s'éteindre, mais la raifon conferve fa vigueur & dure dans la vieilleffe; vous nous apprenez que l'âge ne lui enleve rien. Quelque vieux que foient vos Indiens, ils vivent, ils lifent leurs livres, ils étudient dans la même univerfité depuis quarante ou cinquante fiecles. Pourquoi donc auraient-ils paffé de la raifon à la démence ? Pourquoi, après la belle idée qui commence leur *Shaftah*, ont-ils ajouté tant de fables qui défigurent ce bel ouvrage ? Que fignifie, par exemple, cette trinité profane, s'il eft permis d'ufer de ce mot, ces trois Dieux inférieurs & foumis à l'Etre fuprême, tant de fois incarnés fous les formes les plus viles ? Qu'eft-ce que cette foule de puiffances intermédiaires qui habitent le ciel, la terre & les enfers ? Un peuple éclairé revient-il de l'unité de Dieu au polythéifme ? Non, c'eft l'ignorance qui fuccede à la lumiere ; c'eft le mélange de l'erreur & de la vérité. On peut à travers ces fables reconnaître un culte pur dans fon origine, corrompu dans fon cours. Les trois Dieux inférieurs font les miniftres du Dieu fuprême. Bramah, le plus grand, le plus cher aux êtres vivans, eft celui par lequel il créa le monde ; c'eft par le fecond qu'il le conserve ; il emploiera le troisieme pour tout détruire. Ces trois Dieux ne font donc que des actes, & les trois plus diftinctifs de la puiffance divine; ce font des attributs du grand Être, que l'ignorance a féparés pour les perfonnifier. Remarquez bien, Monfieur, que chez les Indiens, ceci n'eft point feulement la croyance du peuple, mais des Brames, des dépofitaires de la religion & des fciences. Si l'on ne peut refufer fon admiration à cette métaphyfique, à cette théologie épurée, il faut avouer en même tems que ceux qui l'ont enveloppée de fables groffieres, n'étaient pas des philofophes. J'en dirai autant de ces intelligences intermédiaires & fupérieures à l'homme, dont les Orientaux ont peuplé & animé l'Univers.

Je fens que dans tous les tems l'homme a comparé tous les êtres à lui-même. Il a facilement diftingué la matiere brute & immobile, de fa propre nature toujours agissante ; ensuite, lorsque la matiere a paru se mouvoir, le mouvement a pu faire naître l'idée de la vie. C'est ainsi que l'on a donné une ame, une intelligence, d'abord aux animaux, ensuite aux arbres, aux fleuves, aux fontaines. Mais l'homme qui a pu croire ces êtres animés, a dû sentir qu'ils lui étaient subordonnés. Les animaux sont domptés par sa force ou par son adresse, les arbres tombent sous ses coups, & si les fleuves semblent avoir une force supérieure, son intelligence les divise, & souvent les subjugue. On ne voit pas trop comment on aurait pu arriver à cette idée de la divinité des fleuves, des arbres, &c. si ce n'était encore un abus, une transformation des idées philosophiques. Tous ces êtres intermédiaires qui, selon Platon & selon les Indiens, forment une chaîne depuis l'homme jusqu'à l'Être suprême, ne sont que les causes secondes ou particulieres. Ce sont ces causes qui unissent l'homme à la cause premiere, c'est par ces causes qu'elle agit sur lui ; enseignées d'une maniere métaphorique & figurée, elles sont devenues dans les imaginations vulgaires, des êtres animés & puissans, comme les passions personnifiées dans les ouvrages des poëtes ont été prises pour des divinités. Mais ces métamorphoses ne se sont pas faites subitement; elles exigent un degré d'ignorance qui ne peut exister avec l'esprit inventeur. Redisons encore qu'il y a une relation nécessaire entre les hommes du même siecle. Quelle que soit votre supériorité, Monsieur, & l'intervalle qui nous sépare, si nous étions nés il y a vingt siecles, il n'y aurait eu entre nous que le même intervalle ; vous auriez été moins éclairé, j'eusse été plus ignorant. Mais si la nature vous avait placé à la même hauteur, si elle vous eût permis de faire Alzire & la Henriade, elle m'aurait fait pour les admirer. Convenons donc, Monsieur, que les hommes qui

qui ont ainſi altéré le beau ſyſtême des caules ſecondes, qui ont perſonnifié ces cauſes & peuplé l'univers d'êtres chimériques, que ces hommes qui ont pris groſſierement à la lettre les inventions des poëtes, ces peintures riantes, ces emblêmes ingénieux de Vénus, des Grâces, de l'Amour, &c. n'appartenaient point au ſiecle qui les a créés. Quand la poëſie a été inventée, elle était dès-lors un langage, un langage que l'on parlait pour être entendu. Il a fallu que cette langue s'oubliât, il a fallu des ſiecles, & des hommes ignorans après des hommes éclairés. Nous en venons donc à conclure que les Indiens ſont étrangers à eux-mêmes; en un mot, & pour nous rapprocher, que les Brames ne ſont pas des Indiens. Ceux-ci en conviennent; ils diſent que les Brames ſont venus du nord. Voilà la tradition & la preuve d'une migration. Mais pour être conféquent, & pour rendre hommage aux connaiſ-

F

fances déposées dans les mains des Brames, je crois que ces Brames n'ont été que les disciples des grands hommes, fondateurs de ces connaissances. Le soleil verse sa lumiere sur les planetes opaques, elles deviennent lumineuses, &, dans son absence, elles éclairent le monde ; mais cette lumiere éloignée de sa source, est affaiblie par la distance & par ses pertes. Comme la lumiere des Brames est également empruntée, sa clarté diminue en se réfléchissant du pere aux enfans. A chaque génération, les Brames ont laissé échapper quelque chose de leur savoir, ou du moins de l'intelligence de leurs principes.

Je finirai par quelques réflexions sur le Hamskrit, sur cette langue ancienne & savante, fixée par dix-huit dictionnaires & par une infinité de grammaires. Elle a tiré son nom de la méthode & de la synthèse qui y regnent: car *Samskret* qui paraît être le vrai mot indien, signifie synthetique ou composé. Ces grammaires sont, dit-on, le chef-d'œuvre de l'esprit humain. Les auteurs y ont réduit, par l'analyse, la plus riche langue du monde à un petit nombre d'élémens primitifs qu'on peut regarder comme l'essence de la langue. Chaque idée simple est exprimée par un de ces élémens primitifs, modifiée & circonstanciée par les élémens secondaires qui l'accompagnent toujours (a). Cette langue si belle & si riche, dans laquelle sont écrits les quatre livres sacrés, est entierement inconnue & inintelligible aux Indiens; elle est absolument différente du langage ordinaire: les Brames seuls l'étudient, & parmi eux un petit nombre peut à peine se flatter de l'entendre. Or je demande, Monsieur, comment il arrive que le langage primitif & commun se perde chez un peuple, & se trouve réservé

(a) Let. édif. & curieuses, Tom. XXVI, p. 212.

F ij

à une certaine classe d'hommes. Les langues changent sans doute, en se perfectionnant ; tôt ou tard elles se fixent par les bons ouvrages. C'est ainsi que vous avez achevé ce que Racine & Bossuet avaient commencé. Mais ce moment est passé chez les Indiens : ils ont des livres que l'on conserve, comme on conservera les vôtres. Ce ne sont point les défauts de cette langue qui en ont détruit l'usage : elle est si harmonieuse, si abondante & si supérieure, dit-on, au langage ordinaire! Cet abandon n'est point dans la nature de l'homme : on n'oublie pas la langue dans laquelle on a reçu les caresses de sa mere, dans laquelle on a fait l'amour; la langue qui nous a donné nos premieres idées, qui a exprimé celles que nous avons créées. La langue dont les expressions rappellent ces momens de bonheur, de plaisir & de gloire, est appuyée sur leur souvenir qui console la vieillesse ; ces impressions profondes passent des peres aux enfans, & de génération en génération. A Rome, la langue greque était la langue favante, parce qu'elle renfermait les chef-d'œuvres de Démofthène, de Sophocle, & les idées de Platon. Les poëmes de Virgile, les comédies de Térence, l'éloquence de Ciceron, ont affigné parmi nous, & pendant long-tems, le même rang à la langue latine. Mais, Monfieur, je le demande, fi un étranger venu à Paris, voyait étudier & lire la langue latine, tout-à-fait différente du langage ordinaire, entierement inconnue aux trois quarts de la nation, n'aurait-il pas droit d'en conclure que c'eft la langue d'un peuple qui n'exifte plus, & d'un peuple plus ancien que les Français ? Pourquoi n'aurions-nous pas droit de tirer, à l'égard des Indiens, la même conclufion du *Hamskrit ?* Les hiéroglyphes des Egyptiens qui formaient une langue facrée, réfervée aux Prêtres, inconnue au peuple, n'ôtent rien à la solidité de cette preuve. Les hiéroglyphes sont les premiers essais de l'art d'écrire. Si les principes des sciences ont paru dans le même tems, ont été marqués ou écrits par ces signes, le soin de conserver les principes conservera également les signes. La superstition & bien des motifs humains empêcheront les prêtres de les traduire, lorsque les progrès de l'esprit auront fait inventer des signes plus abrégés & plus commodes pour exprimer les idées. Mais il n'en est pas de même du *Hamskrit* : c'est une langue parlée, écrite, & par des caractères alphabétiques ; c'est une langue perfectionnée, & qui n'a avec le langage ordinaire d'autre différence que sa perfection même. Le *Hamskrit* n'est pas conservé même dans toute son intégrité : plusieurs endroits des livres sacrés sont inintelligibles, aucun dictionnaire ne les explique ; c'est que ces dictionnaires sont en quelque sorte modernes. On voit donc clairement que les Brames, sortis d'un pays où cette langue était en usage, où ces livres avaient été écrits, les ont apportés dans l'Inde. Soit superstition & mystere de leur part, soit plutôt résistance de la part des Indiens, cette langue ne s'est conservée que parmi les premiers, & par tradition. Quand au bout de quelque tems on s'est avisé de faire des dictionnaires pour la conserver mieux, la connaissance s'en était déjà perdue en partie, & les livres originaux & sacrés sont demeurés obscurs pour l'exercice & le plaisir des commentateurs.

Je ne répéterai point ici ce que j'ai dit sur l'astronomie des Indiens; j'observerai seulement en peu de mots que M. le Gentil a trouvé chez eux de savantes méthodes & des calculs exacts. J'ai trouvé moi-même dans les papiers de feu M. de Lisle, deux manuscrits indiens, envoyés par des Missionnaires, qui renferment des tables astronomiques, différentes de celles de M. le Gentil. Cette variété de méthodes indique la richesse de la science. Mais un peuple qui fait la terre plate, qui imagine une montagne au milieu pour cacher le soleil pendant la nuit, qui crée exprès deux dragons, l'un rouge, l'autre noir, pour éclipser le soleil & la lune ; un peuple qui place la lune plus loin que le soleil, & pose la terre sur une montagne d'or, inventeur de ces absurdités, n'est point l'auteur des méthodes savantes que nous admirons. Un peuple possesseur de tant de beaux systêmes physiques, qui n'ont pu être fondés que sur des expériences & des méditations, un peuple dont la théologie cache des idées très-pures de Dieu, se montre incapable d'avoir découvert ces idées par les fables qu'il a accumulées. Il n'a pu s'y élever, puisqu'il n'a eu de mouvement que pour en descendre. Un peuple chez lequel on trouve une langue riche, abondante, réservée à un petit nombre d'hommes, langue dans laquelle sont déposés les trésors de la philosophie & des sciences, étranger à cette langue, n'est point l'auteur des richesses qu'elle renferme. Il les a conservées, mais il les a reçues.

Je vous avais réservé, Monsieur, pour la dernière, cette preuve qui ne s'est présentée à moi que depuis quelque tems : elle me semble de la plus grande force. J'ose croire, en conséquence, que les Brames ne sont point originaires de l'Inde. Ils y ont apporté une langue & des lumieres étrangeres. Sans être inventeurs, ils étaient supérieurs par le savoir à toutes les nations du monde, ils ont été justement célebres. C'est avec raison que les sages de la Grece ont été puiser chez eux la vraie philosophie. Les Brames, dépositaires de cette ancienne philosophie, nous l'ont communiquée, ils ont fondé toutes nos connaissances.

Ce sont nos maîtres, &, pour tout dire en un mot, ils sont dignes de votre admiration & de vos éloges.

Je suis avec respect, &c.

TROISIEME LETTRE

A M. DE VOLTAIRE.

Des conformités entre les Chinois, les Chaldéens, les Indiens & les anciens peuples, dans les traditions, les usages, la philosophie & la religion.

A Paris ce 24 Août 1776.

Les trois peuples, Chinois, Chaldéens, Indiens, que nous venons d'examiner, Monsieur, se ressemblent par le caractere. Les Chinois & les Chaldéens ont observé le ciel pendant des milliers d'années avec une constance égale & aussi peu de fruit les uns que les autres. Les Indiens ont eu la même constance, mais pour ne rien faire, pour conserver en paix, sans aucun progrès, dans une vie oiseuse & contemplative, quelques opinions philosophiques défigurées & abatardies. La contemplation, qui, dans les Indes, va jusqu'à l'extase, y naît d'un esprit sans force, & s'y prolonge par la paresse. Contempler toujours, ou ne jamais penser, revient à peu près au même. La constance à suivre certains travaux, n'est encore qu'une paresse déguisée ; on fait toujours la même chose, parce qu'on la fait faire, parce qu'il en coûterait de la peine pour faire autrement. C'est l'effet de l'influence du climat. Entre le 36ᵉ degré de latitude & le tropique, des chaleurs longues & fortes invitent au sommeil & à l'inaction. Si le besoin de vivre porte au travail, l'indolence ramene au repos. L'ame captive, maîtrisée par un corps amolli, se plie & se conforme à ses habitudes. Au-delà du tropique, un soleil plus brûlant, toujours à plomb, donne à ces causes plus d'intensité. Le relâchement de tous les ressorts croît jusqu'à la ligne ; & si l'aptitude au travail, la soif des conquêtes, peut-être l'esprit des arts & des sciences, mais sur-tout le trouble & le mouvement, sont descendus du nord, la paix trouve des demeures tranquilles entre les tropiques, & la paresse a son trône sous l'équateur.

Sans doute nous ne devons pas nous étonner, Monsieur, de cette ressemblance. Mais ces peuples ont entr'eux & avec d'autres nations, des conformités singulieres & remarquables. Suivons les, c'est une galerie de tableaux où je vais vous promener un moment. Nous causons, vous me pardonnerez les détails : je commencerai par les libations.

Les libations de vin, d'huile, de lait étaient en usage chez les Romains: ils les offroient aux Dieux en différentes occasions, mais sur-tout au moment des repas; c'était l'hommage d'une partie des biens qu'ils en avaient reçus. Je ne sache pas que nos curieux d'antiquité aient cherché, ni trouvé l'origine de cet usage. A la Chine, le maître du festin fait apporter du vin qu'il répand à terre, en levant les yeux au ciel, pour reconnaître que nous tenons tout de la faveur céleste (a). Lorsque les Tartares s'assemblent pour se réjouir, ils jettent quelques gouttes de liqueur sur les statues de leurs Dieux, ensuite un domestique en verse trois fois du côté du midi, en l'honneur du feu; du côté de l'est & de l'ouest, en l'honneur de l'air & de l'eau; & du côté du nord, en l'honneur des morts (b). Les libations sont donc établies chez les Chinois & chez les Tartares. Je conçois qu'elles ont pu passer d'un peuple à l'autre. Mais je demanderai pourquoi cet usage se trouve chez les Grecs & chez les Romains qui avaient tout puisé, leur culte comme leur philosophie, dans l'Asie occidentale. Cette méthode d'honorer les Dieux est-elle donc si naturelle, qu'elle soit essentiellement liée à leur culte ? Ne

---

(a) Lett. édif. Tom. XXI, p. 363.
(b) Ibid. Tom. XXVI, p. 449.

peut-on pas en inférer que cet usage appartenait à l'Asie occidentale comme à la Chine ? Il subsiste peut-être encore aux Indes ; nous l'ignorons, parce que la loi des Brames leur défend de manger avec nous.

Pourquoi, Monsieur, retrouve-t-on dans les institutions de tous les anciens peuples, ces fêtes des Saturnales, ce souvenir du tems où les hommes étaient égaux, heureux ; ce tableau chimérique de l'âge d'or, de l'état d'innocence; tableau qui ne doit pas son effet à l'art des contrastes, où la vertu se montre seule avec une lumiere douce & pure, qui n'est mêlée d'aucune ombre?

Pourquoi l'effusion des eaux est-elle la base de presque toutes les fêtes antiques ? Pourquoi ces idées de déluge, de cataclisme universel ? Pourquoi ces fêtes qui sont des commémorations? Les Chaldéens ont l'histoire de leur *Xisustrus*, qui n'est que celle de Noë, un peu altérée. Les Egyptiens disaient que Mercure avait gravé les principes des sciences sur des colonnes qui pussent résister au déluge (*a*). Les Chinois ont aussi leur *Peyrun*, mortel aimé des Dieux, qui se sauva dans une barque de l'inondation générale (*b*). Les Indiens racontent qu'il y a environ vingt-un mille ans que la mer a couvert & inondé toute la terre, à l'exception d'une montagne vers le nord. Une seule femme avec sept hommes s'y retirerent. Les Indiens ont conservé les noms de ces sept hommes. On y avait également sauvé deux animaux de chaque espece, & deux individus de chaque plante au nombre de dix-huit cens mille. Le déluge dura cent vingt ans, sept mois & cinq jours. Ce tems écoulé, tous les êtres descendirent & repeuplerent la terre. Comme la femme ne pouvait vivre qu'avec un seul homme, les autres resterent au sommet de la

---
(*a*) *Syncelle*, p. 40.
(*b*) *Kempfer*, Hist. du Jap. Liv. III, c. 5.

montagne

montagne où ils confacrerent leurs jours à la piété, & au célibat, qui alors ne fut pas trop méritoire (*a*). Ils ajoutent, en parlant de leur Dieu *Vichnou*, métamorphofé en poiffon, que ce fut au tems du déluge, lorfque ce Dieu conduifit la barque qui fauva le genre humain (*b*). Cette barque, confervatrice du genre humain, fe retrouve encore au nord de la terre & dans l'Edda. Le géant *Ymus* ayant été tué, il coula tant de fang de fes bleffures, que la race humaine en fut fubmergée & détruite, à l'exception de *Belgemer* qui fe fauva dans une barque avec fa femme (*c*).

Il y a une grande différence, Monfieur, entre le fouvenir de l'âge d'or & celui du déluge. L'un ne préfente qu'un tableau que l'imagination a dû embellir, qu'elle a pu même créer:

(*a*) Tranf. philof. ann. 1761, n°. 168.
(*b*) Lett. édif. Tom. XIII, p. 97.
(*c*) Rudbeck, *de Atlanticâ*, Tom. I, p. 541 & fuiv.

G

l'autre se montre comme un fait historique conservé par la tradition. Cet âge d'or est, dit-on, le produit d'une poësie mensongere; c'est la chimere des gens vertueux que le mal afflige, mais je ne puis penser que ce soit une pure fiction; j'y vois les embellissemens de l'imagination, mais j'y crois découvrir un fond réel. C'est l'objet des vœux & des regrets du monde. Des regrets supposent nécessairement une perte, un changement, un ancien état détruit. Il n'y a point de changement pour l'espece humaine, l'homme se reproduit en se détruisant; toutes les saisons de la vie existent à la fois pour l'espece. Qu'est-ce donc qui a produit ces regrets & ces tableaux ? Un coup d'œil jeté sur nous-mêmes pourra nous éclairer. Il arrive à l'espece, dans la succession des générations, ce qui arrive à l'individu dans la suite de ses ans & de ses pensées. Qui ne regrette pas le tems de la jeunesse ? Qui ne chérit pas les tableaux rians qu'elle a laiflés dans le souvenir? C'eft l'âge des illufions, c'eft le tems où la nature puiffante grave des traits profonds ; mais où en même tems elle peint avec des couleurs fi douces & fi cheres. La maifon qu'on a habitée était fi belle, les hommes fi bons, les amis fi sûrs, les femmes fi finceres & fi touchantes : cette maifon était environnée d'un air plus pur, le foleil y était ardent comme l'amitié, le ciel auffi tranquille que le fond des cœurs. Voilà le véritable âge d'or ; chaque homme a eu le fien. Si les poëtes étaient des vieillards, l'âge d'or ne ferait que l'image de cette jeuneffe toujours regrettée. Mais le tems de la poëfie eft celui de cet âge d'or même: pour peindre la nature qui nous environne, il faut que la nature intérieure foit dans fa force & dans fa puiffance ; c'eft la plénitude de cette puiffance qui permet la création. L'être infini feul peut toujours créer, parce qu'il eft toujours

G ij

jeune. Cependant, Monsieur, la jeunesse ne peut se regretter elle-même: le poëte, dans la vigueur de l'âge, chante ses jouissances, ses plaisirs, ses peines, qui sont encore des plaisirs; s'il regrette une maîtresse volage, c'est avec un feu qui le rend digne d'une maîtresse plus fidelle: l'espérance anime toutes ses peintures, le regret est pour l'âge où il ne chantera plus. L'âge d'or n'est donc point le tableau d'une jeunesse passée; ce n'est pas non plus un tableau de fantaisie: voici, selon moi, l'histoire de son origine.

On peuplait jadis plus qu'on ne fait aujourd'hui; on vivait plus difficilement, parce que la terre était moins cultivée: de là la nécessité d'envoyer au loin des colonies, de chasser hors de l'habitation nationale des essains nombreux, comme font encore de nos jours les abeilles. Les hommes, en se multipliant ainsi, se sont rapprochés; la guerre est née de leur rencontre, &

la destruction a suppléé bientôt l'usage incommode des colonies. Les abeilles sont le seul peuple qui l'ait conservé, parce qu'elles n'ont point encore imaginé l'excellent remede de se détruire dans sa patrie, pour s'éviter l'ennui de vivre dans une terre étrangere. Un de ces essains d'hommes s'est avancé vers l'Inde. La jeunesse bannie de son pays ne l'a point quitté sans douleur : elle a trouvé un ciel plus beau, une terre plus fertile, mais ce n'était pas le sol natal. Ce n'était plus ce ciel dont la lumiere avait d'abord frappé sa vue : ce n'était plus cette terre où l'on avait commencé à vivre, cette terre témoin des soins paternels, des jeux de l'enfance, où l'on avait reçu les premieres impressions du plaisir & du bonheur. Les yeux se tournaient sans cesse vers cette premiere patrie ; & lorsque la jeunesse eut produit une génération nouvelle, on en parlait à ses enfans, on leur peignait, on leur exagérait sans doute tout ce qu'ils avaient perdu. Le goût du merveilleux n'avait pas besoin de rien ajouter à ces peintures. La premiere jeuneſſe eſt vraiment l'âge d'innocence. D'ailleurs ces tableaux, tracés dans le ſouvenir, ſont vus comme dans le lointain ; tous les traits s'adouciſſent par l'éloignement. Les vices paraiſſent moins odieux à travers ce voile ; les maux s'oublient, & la vertu, ſeule digne de la mémoire des hommes, conſerve ſes traits dans leur pureté & dans leur éclat. Vous jugez bien, Monſieur, que les vieillards qui faiſaient ces récits, ne manquaient pas d'ajouter que dans cette terre regrettée les fruits étaient plus beaux, meilleurs, les nourritures plus ſucculentes & plus tendres, que la ſalubrité de l'air y rendait les corps plus ſains & plus robuſtes : on n'y était jamais malade. Enfin cette terre ancienne avait tout l'avantage que l'aſcenſion de la vie a ſur ſon déclin, & la jeuneſſe ſur la décrépitude.

Ces peintures, quoique de la plus haute antiquité, se sont conservées par le charme de la poësie, & sur-tout par l'éducation, par le ministere des vieillards, qui apprenaient ces choses à leurs enfans. Les traditions, les faits s'alterent toujours un peu par cette transmission, mais ils se gravent plus profondément, & se conservent peut-être mieux que par l'écriture: l'oreille est moins distraite que l'œil, la conversation occupe l'esprit entier; les discours des peres, les faits dont ils étaient dépositaires, étaient une partie de leur succession. Elle a été fidellement recueillie, puisqu'elle a passé jusqu'à nous.

L'âge d'or, cette fable séduisante, n'est donc que le souvenir conservé d'une patrie abandonnée, mais toujours chere. Les nations où ce souvenir se retrouve, ont été transplantées; ce sont des colonies d'une nation plus ancienne. Voilà tout ce que j'en dois conclure ici. Je me suis arrêté long-tems sur cette peinture, mais l'âge d'or amuse; on voudrait y revenir, on se plaît à son image.

Si cette fable est en partie l'ouvrage de l'imagination, l'idée du déluge, telle que nous l'avons recueillie chez les différens peuples, est la tradition d'un fait historique. L'idée d'une destruction générale serait-elle donc naturelle? Pourrait-elle naître dans l'esprit humain, autrement qu'à la suite d'une grande calamité? L'homme n'apprend rien que par l'expérience. En voyant mourir, il a compris qu'il mourrait un jour; mais en voyant naître de toutes parts autour de lui, il a conclu la perpétuité de l'espece. Si la majesté du tonnerre éclatant dans des nuées pesantes & obscures, si les ouragans, les pluies extraordinaires, qui menacent de tout inonder, ont pu annoncer les vengeances célestes, inspirer la terreur & faire craindre le bouleversement de la nature, cette terreur s'est dissipée avec les orages; c'est après les maux, c'est en éprouvant leurs suites funestes, que l'on fonde des commémorations. On ne cherche point à perpétuer la mémoire de ce qui n'est pas arrivé. Ces histoires différentes par leur forme, mais semblables quant au fond, qui présentent un même fait partout altéré, mais partout conservé ; ce consentement unanime des peuples me paraît une forte preuve de la vérité de ce fait.

Vous voyez, Monsieur, que nous procédons suivant la méthode des sciences. Vous n'avez affaire qu'à des armes & des moyens humains. Je ne vous cite point l'Ecriture, parce qu'elle ordonne de croire, & qu'il s'agit ici de démontrer, ou du moins de persuader.

Une calamité si grande a dû frapper de terreur tous les esprits ; on en a craint le retour. Lorsque les sciences ont été établies, lorsqu'on a vu que les saisons dépendaient du mouvement des astres, que différentes intempéries de l'air revenaient les mêmes après une révolution du foleil, l'aftrologie naturelle a cru pouvoir les annoncer. On a vu avec effroi que puifque ces intempéries étaient périodiques, la calamité du déluge pouvait l'être également. Tous les peuples, en fe féparant, n'avaient point confervé, comme les Hébreux, le fouvenir de l'alliance que Dieu avait contractée avec eux, ni la connaiffance du figne de paix qu'il a pofé dans les nuées. C'eft de cet effroi que font nées ces périodes, ces grandes années des anciens, qui devaient ramener l'inondation, ou l'incendie de la terre, & la deftruction univerfelle. Les grandes conjonctions des planetes devaient en être l'époque : c'était la croyance de toute l'Afie. Mais, Monfieur, arrêtons nous un moment pour compter tous les élémens de cette idée. Il faut d'abord la connaiffance du fait ; il faut enfuite un certain nombre de remarques fur l'accord de la fucceffion des faifons avec la marche des astres; il faut un certain progrès des sciences, pour être parvenu à annoncer bien ou mal le retour des saisons & des intempéries ; il faut encore passer à l'idée, que l'on peut également enfermer dans une période le retour d'une calamité plus funeste, mais que des siecles écoulés ont dû faire regarder comme infiniment rare; enfin il faut finir par s'accorder à en fixer l'époque au moment de la conjonction des planetes. Cette marche, cette succession d'idées me paraît trop uniforme pour que des hommes séparés, abandonnés à eux-mêmes & au caprice de l'imagination, l'aient également suivie. Ces conformités, ces ressemblances me paraissent celles de la parenté : j'y crois voir les armes & les livrées de la même famille.

Le culte des montagnes n'est pas moins extraordinaire. Pourquoi tous les hommes se sont-ils accordés à aller faire leurs sacrifices sur les hauts lieux ?

Pourquoi cette habitude était-elle assez enracinée pour que Moïse fût obligé de le défendre aux Hébreux ? Pourquoi les Indiens ont-ils dans la plus grande vénération le mont Pir-pen-jal, l'une des montagnes du Caucase sur les frontieres du petit Thibet ? Ils y vont en pélerinage. Les Chinois ont le même respect pour une montagne de la Tartarie nommée *Chang-pe-chang*, dont ils se vantent de tirer leur origine. Vous avouerez, Monsieur, qu'il y a quelque chose de singulier dans cet amour des hommes pour les montagnes : je n'entreprends point d'en deviner la cause. Les plaines ont été long-tems humides & fangeuses ; les premiers établissemens, les premiers royaumes furent peut-être sur les montagnes. L'air y est plus tempéré, plus froid ; & si la terre a été jadis brûlée par une chaleur plus grande, les montagnes ont été habitables avant les plaines. Je serais encore tenté de dire que cet amour ressemble à l'amour de la patrie. On pourrait croire que les hommes descendus des montagnes de Tartarie & des parties les plus élevées du globe, pour habiter l'Asie méridionale, ont voulu, par l'usage de sacrifier sur les hauts lieux, conserver un souvenir de leur ancienne habitation. Cet usage peut avoir eu aussi pour objet de prévenir le lever des astres qu'ils adoraient, ou d'approcher peut-être leurs hommages du ciel, où réside l'Être suprême. Mais nous n'avons pas besoin ici de la cause, & je me contente d'observer que cette unité d'amour, de respect & de culte, est une conformité très-remarquable.

Pardonnez, Monsieur, si je vous entretiens de fables ; je ne puis m'empêcher de citer celle des géans. Ces géans, leurs combats avec les Dieux, sont une ancienne histoire de la mythologie grecque & romaine. Lorsque les Dieux épouvantés se cacherent sous différentes formes d'animaux, ce fut en Egypte qu'ils se réfugierent. Cette circonstance nous dévoile la source de l'histoire. C'est là que les Grecs l'avaient prise ; elle y était donc connue. On voit également aux Indes les murs des temples chargés de sculptures, où l'on a représenté les combats des géans avec les Dieux (*a*). Les Indiens racontent qu'au commencement de leur premier âge, les hommes étaient d'une taille gigantesque (*b*). Les Siamois disent la même chose (*c*). Suivant les Indiens, lorsque les Dieux & les géans firent tourner dans la mer la fameuse montagne de *Meroua*, il en sortit des choses prodigieuses : mais la plus parfaite de toutes fut la *Kehoumi*, qui éblouit tous les Dieux par sa beauté, & qui, de leur consentement, fut donnée à *Vichnou*. Voilà le mariage de Vulcain, & la fable de Vénus embellie par les Grecs. Ces

───────────────

(*a*) Lett. édif. Tom. XXIV, p. 252.
(*b*) *Ibid.* Tom. X, p. 33.
(*c*) Hist. des voy. Tom. XXXIV, p. 339.

géans se retrouvent encore pour combattre les Dieux, dans les climats glacés du nord. Si cette histoire des géans a été le plus souvent reléguée parmi les fables, & placée au rang des contes puériles dont la vieillesse amuse l'enfance, la philosophie ne doit point rougir d'approfondir les fables : elles renferment l'ancienne histoire des hommes. Je n'entreprends point d'estimer les forces de la nature ; mais, comme ces forces sont très-grandes, on risque moins à les étendre qu'à les borner. L'existence des géans n'est pas une chimere : nous avons vu des hommes de sept à huit pieds ; les histoires sacrées & profanes en citent qui ont eu une taille extraordinaire. Les tombeaux ouverts & les ossemens mesurés nous ont assurés de ces prodiges. Mais ce que la nature opere comme prodiges & par des efforts extraordinaires dans certains climats, elle peut l'avoir fait dans d'autres tems & dans d'autres lieux par l'exercice pur & simple de ses forces habituelles. Quand j'observe que tous les êtres sont soumis par l'Être suprême à des loix générales, qu'ils sont tous voués à la mort, qu'ils passent tous de l'accroissement à la diminution de leurs forces, je conçois que l'univers considéré comme un grand être, que la nature, qui n'est que l'assemblage de tous les êtres & la réunion de toutes leurs facultés, peut être sujette elle-même au dépérissement. Je vois que les enfans des vieillards sont petits & cacochimes; & quoique la nature ne soit pas encore vieille, elle a été plus jeune, & il n'est peut-être pas ridicule de penser que dans son printems & dans l'énergie de sa puissance, elle a pu produire des hommes plus hauts & plus forts. Ne me confondez pas, je vous prie, avec ce fou, qui admettant, comme je le fais ici, la diminution progressive de la taille des hommes, mesurait leur hauteur par leur ancienneté, & trouvait qu'Adam qu'Adam devait avoir été grand d'une centaine de coudées. Admettez pour un moment, Monsieur, l'idée de M. de Buffon. Si la terre se refroidit, si elle a éprouvé jadis une chaleur beaucoup plus grande, tous les climats du globe, en se refroidissant, ont éprouvé successivement la chaleur actuelle de la zone torride, & son influence sur les êtres organisés. Vous voyez que cette région est la demeure des grandes espèces. Si l'éléphant, qui n'engendre plus dans nos climats, est né jadis, a vécu, comme on n'en peut douter, sous des latitudes très-élevées, c'est qu'une température favorable lui permettait d'y vivre & d'y perpétuer son espece. Nous voyons que dans le nord, les animaux semblables à ceux de nos climats, sont plus petits. La blancheur causée par le froid, y fait disparaître leurs couleurs. La race des Lapons est évidemment une race dégénérée; leur petitesse fait croire que la race humaine s'abatardit & dégénere par le froid.

Je prévois une objection que vous m'allez faire. Les hommes, me direz-vous, devraient être plus hauts & plus forts sous la zone torride. Mais, Monsieur, remarquons que dans toutes choses la nature a un terme moyen où se trouve la perfection de ses ouvrages. Les causes les plus favorables à la propagation, si l'on augmente leur intensité, lui deviendront contraires. Il faut à la constitution parfaite de l'homme un degré de chaleur moyen, à peu près égal peut-être à celui que nous éprouvons dans nos climats, lesquels, par cette raison, ont été nommés tempérés. C'est une preuve que les hommes ne sont point nés sous l'équateur. Ils auraient participé à l'avantage du climat & à ses grandes productions. Si la hauteur de la taille ne diminue pas sensiblement, c'est que les hommes ont prévenu cette dégénération en descendant vers l'équateur, en suivant la chaleur, & en compensant la perte des émanations centrales par les rayons d'un soleil plus ardent ; c'est sur-tout que l'homme s'est défendu par son industrie contre la nature, qui l'investit de toutes parts & qui cherche à l'altérer. Il s'est fait des vêtemens, il s'est construit des maisons, qui repoussent le froid & la chaleur extrême, & où, dans une température presque toujours égale, il demeure le même & ne change point, quoique, dans le cours d'une année, tout change autour de lui. Toutes ces considérations, Monsieur, ne sont peut-être qu'un roman philosophique. Vous me pardonnerez de m'être amusé à les écrire, & vous conviendrez sûrement avec moi qu'elles suffisent pour prouver que l'idée d'un peuple de géans n'est pas ridicule. J'avoue que ces considérations ne nous mettraient pas en droit d'imaginer un tel peuple, si les traditions de tous les peuples anciens ne se réunissoient pas pour le placer à leur origine. La peur a pu quelquefois dans la nuit faire prendre un nain pour un géant, mais je ne vois pas que la terreur panique d'un individu ait pu influer sur une nation entiere : je ne vois pas comment, de quelques exemples isolés, on aurait pu passer à l'idée d'un peuple semblable ; je n'imagine point la nécessité d'une pareille création, & il me semble plus naturel, plus vraisemblable, de croire que cette idée est une tradition conservée, qui a sa source dans une vérité historique. Mais l'existence des géans fût-elle une fable, aussi évidente que leurs combats avec les Dieux, je dirai que cette fable, qui est répandue dans l'Egypte, dans toute l'Asie & dans le nord de l'Europe, est une conformité très-remarquable entre tous les peuples de cette partie du monde. J'oserai croire qu'elle prouve la parenté de ces peuples. Deux hommes avec un esprit égal, méditant sur le même objet, pourront concevoir séparément la même idée, atteindre à la même vérité ; mais lorsque deux enfans me conteront le matin un rêve également bifarre, également semblable dans fes circonftances principales, j'aurai bien de la peine à me perfuader que ce rêve ne foit pas un conte de leur nourrice.

Avant de quitter ces tems anciens, il me refte encore une conformité à vous faire obferver. Vous connaiffez, Monfieur, l'hiftoire de cette île célebre dont Platon nous a confervé la tradition avec une defcription intéreffante. Il en fortit un peuple innombrable qui envahit la terre, felon l'expreffion de ce tems, où la terre n'était que la petite partie du monde connu. Cette île a été engloutie dans la mer, elle a difparu, & plufieurs favans aujourd'hui doutent qu'elle ait jamais exifté. Mais je demanderai pourquoi les Chinois ont également la tradition d'une île abîmée dans la mer.

Le moine Indicopleustes (a) avait rassemblé quelques traditions asiatiques : je demanderai pourquoi ces Orientaux disent que la terre où nous sommes est environnée de l'Océan, qu'au-delà de cet Océan est une autre terre qui touche aux murs du Ciel. C'est dans cette terre que l'homme a été créé ; dans cette terre fut le paradis terrestre. Au tems du déluge, Noë fut porté par l'arche dans la terre que sa postérité habite maintenant. On voit que les Asiatiques Chrétiens ont mêlé les faits de l'histoire sainte à des traditions étrangeres. Les Mahométans & les Orientaux modernes disent encore que la terre est environnée d'une haute montagne, derriere laquelle les astres vont se cacher : ils ajoutent qu'au-delà de cette montagne est un autre continent (b). Toutes ces traditions sont absolument les mêmes que celle de

---

(a) *Collec. nova Patrum*, Tom. II.
(b) *Herbelot*, Biblioth. orient. p. 230.

l'île Atlantique; & je voudrais savoir pourquoi depuis Athènes jusqu'à Pékin, pendant une durée de plus de trente siecles, on trouve l'idée conservée d'une île engloutie dans la mer, d'un continent séparé par des mers, d'où les hommes ont passé dans celui-ci. Je n'examine point si cette croyance tient à une vérité historique ; mais, en la retrouvant chez tous les peuples & dans tous les tems, je la regarde encore comme un titre de famille.

La religion de l'Asie nous présentera les mêmes conformités ; vous la retrouverez partout, avec le même esprit & le même caractere. Les Siamois ont des anges qui président aux astres, à la terre, aux villes, aux montagnes, aux vents, à la pluie, &c. (a). Les Perses en avaient également qui présidaient aux mois & aux jours de l'année (b). Le moine Indicopleustes, qui nous a

---

(a) Hist. gén. des voy. in-12. Tom. XXXIV. p. 336.
(b) Hide, de Rel. vet. Pers.

rapporté, avec autant de simplicité que d'ignorance, les idées asiatiques, dit que les Chaldéens voyant les étoiles alternativement s'élever & descendre vers l'horison, s'imaginèrent qu'elles étaient emportées par le ciel, parce qu'ils ne savaient pas que ces étoiles étaient conduites par les anges (*a*). Les Chinois ont aussi des anges ou des esprits qui dominent les quatre saisons (*b*). Ces esprits ont été nommés *Génies, Dives, Periz, Fées* : la croyance en existe encore dans toute l'Asie; & leurs histoires merveilleuses, qui plaisent à l'imagination, ont pris un tel empire sur l'esprit des hommes, qu'après s'être conservées pendant tant de siecles en Asie, traduites aujourd'hui en Europe, elles amusent l'enfance & ceux qui, dans un âge plus mûr, ont retenu quelque chose de l'enfance. Mais ces intelligences ne sont que les êtres qui com-

―――――――――――――

(*a*) *Collect. nova Pat.* Tom. 2. p. 161.
(*b*) Hyde, *Ibid.* p. 217.

posent la chaîne de Platon ; ce sont les causes secondes & particulieres des philosophes : c'est une branche du système de l'ame universelle, qui n'admettant d'autre intelligence que la nature, d'autre Dieu que sa force productrice, trouve une portion de la divinité dans chaque partie de la matiere en mouvement.

Je vous ai fait observer, Monsieur, que la métempsycose était également née de ce système. Ce dogme est universel : c'est le point fondamental de la religion des Brames de l'Inde & des Talapoins de Siam (a). Ce dogme était celui de l'Egypte. Il fut également reçu chez les Perses : les Parsis, qui sont les faibles restes de ce peuple fameux, ont une loi qui leur défend de manger les animaux ; loi tombée en désuétude, & qui n'est plus accomplie qu'à l'égard des vaches, que ce peuple, presque

_____

(a) Hist. gén des voy. Tom. XXXIV, p. 336.

détruit, respecte comme ses ancêtres les respectaient (a). Si nous nous transportons dans la Tartarie & à la Chine, nous verrons que le culte du grand Lama, le prêtre du Dieu *Fo*, est fondé sur la métempsycose. Ce grand Lama est le sujet mortel dans lequel le Dieu *Fo* réside continuellement. Les prêtres expliquent ces incarnations successives par la doctrine de la transmigration des ames, dont *La* fut l'inventeur. Cette divinité qui se nomme *Fo* à la Chine, *La* dans la Tartarie & dans le Thibet, est représentée par une idole à trois têtes (*b*). Vous vous rappelez, Monsieur, que toutes les idoles Indiennes, toutes celles de la Sibérie, ont beaucoup de bras & beaucoup de mains. *Amida*, la principale divinité des Japonois, a trois têtes & quarante mains, pour représenter, dit-on (*c*), la trinité

(*a*) Hist. gén. des voy. Tom. XXXVIII, p. 238.
(*b*) *Ibid*. Tom. XXXV, p. 364.
(*c*) *Ibid*. Tom. XL, p. 264.

des personnes & l'universalité des opérations. Ne voit-on pas ici d'un côté la méthode indienne de repréfenter par toutes ces mains agiffantes la toute-puiffance divine, de l'autre la corruption de la théologie indienne, qui a établi trois Dieux inférieurs à l'Être fuprême, en perfonnifiant les actes les plus refpectables de fa puiffance? Auffi Kempfer conclud-il » que l'*Amida* ou » le *Xaca* des Japonois, le *Fo* des » Chinois, le *Butta* des Indiens, le » *Badhum* de l'île de Ceylan, le *Som-* » *mona-kodom* de Siam, le *Sommona-* » *rhutana* du Pégu, ne font qu'un feul » perfonnage dont la fecte s'eft répan- » due, comme le figuier d'Inde qui fe » multiplie de lui-même, en transfor- » mant en racines l'extrémité de fes » branches (a).

Cette identité de tous ces perfonnages & de *Butta* me paraît très vraifem-

_____

(a) Hift des voy. Tom. XI., p. 265.

blable. Les Indiens le repréfentent avec des cheveux frifés. Aucun noir de l'Afie ne les a de cette efpece. Il en réfulte donc qu'il était étranger: auffi Kempfer a-t-il pris fon parti de le faire venir d'Egypte; car on aime beaucoup à faire voyager les grands perfonnages. Il remarque qu'il y a environ vingt-quatre fiecles que Cambife détruifit la religion des Egyptiens, & maffacra ou exila leurs prêtres. Cette date eft à peu près celle de la chronologie des Siamois & des Japonois ; en conféquence, il croit que des prêtres de Memphis fe font réfugiés dans les Indes, y ont prêché leur religion, & que l'un d'eux qui avait plus de talent, qui fit plus de difciples, eft ce *Butta* dont le nom a été confervé. Mais Pythagore qui voyagea dans les Indes, qui y trouva les mêmes dogmes qu'on y trouve aujourd'hui, y alla certainement avant l'invafion de Cambife en Egypte. D'ailleurs les traditions indiennes & Japonoifes font *Butta* & *Xaca* beaucoup plus anciens que ce Roi de Perfe. Mais quand même des autorités fi fortes ne détruiraient pas l'idée de Kempfer, vouloir que ces prêtres partis de l'Egypte aient traverfé les Indes, la Chine, pour arriver au Japon ; que ce trajet & ces converfions innombrables aient été exécutés en très-peu de tems, c'eft faire entreprendre à ces Prêtres un magnifique voyage, & fuppofer dans les convertis une docilité furprenante. Cette vertu, fi l'on en juge par l'exemple des Perfes, des Indiens & des Chinois, n'eft point celle des Orientaux, toujours attachés à leurs anciens ufages, & toujours en garde contre les opinions étrangeres.

Si je n'admets point ce voyage, ce n'eft pas que je ne trouve des conformités fingulieres entre les Egyptiens & les peuples de l'Afie. Je ne parlerai point ici de celles dont M. de Mairan a entretenu le P. Parennin, ni du culte du bœuf *Apis*, si semblable à la vénération des Indiens pour la vache; je me bornerai à celles que je crois avoir découvertes. Les Japonois ont douze Dieux partagés en deux classes; sept primitifs, & cinq qui ont été ajoutés depuis (*a*). Ce nombre de douze Dieux est évidemment relatif aux signes du zodiaque, aux mois de l'année, aux années de la période de douze ans, dont l'usage a été & est encore universel dans l'Asie. Les Egyptiens avaient également douze Dieux, ce qui est déjà une conformité singuliere. Mais ce n'est pas tout; les douze Dieux des Egyptiens ne furent primitivement qu'au nombre de sept: c'étaient les sept planetes. Les cinq autres furent ajoutés pour suffire aux douze signes du zodiaque (*b*). Il y a donc le même nombre de Dieux, & le même partage de ces Dieux en sept & en cinq, au Japon &

(*a*) Hist. des voy. Tom. XL, p. 41, 42, 230.
(*b*) Jablonski, *Pantheon egypt. proleg.* p. 61, 84.

en Egypte. Je crois, Monsieur, que cette conformité est assez singuliere. En voici une autre qui ne l'est pas moins. On sait que le Mercure des Grecs, l'inventeur de l'écriture & de tous les arts, n'est que le *Thoth* des Egyptiens; mais ce *Thoth* & le *Butta* des Indiens ne me paraissent être qu'un seul & même personnage. Le quatrieme jour de la semaine indienne est dédié à *Butta*, fondateur de leur philosophie, comme il l'est chez les Egyptiens à *Thoth*, inventeur des sciences & des arts, & ce jour est également marqué chez l'un & l'autre peuple par la planete que nous nommons Mercure (*a*). Il me paraît hors de toute vraisemblance que de pareilles conformités puissent être l'ouvrage du hasard.

Vous savez, Monsieur, que chez les Chinois, le mot *Tien*, par lequel ils désignent l'Être suprême, signifie

_____

(*a*) Hist. de l'astron. ancienne, p. 79.

primitivement le ciel, soit qu'ils aient adoré jadis le ciel, soit qu'ils n'aient réellement entendu par ce mot que l'esprit du ciel. Laloubere, qui était un voyageur curieux & instruit, ayant communiqué au savant d'Herbelot tout ce qu'il savait de siamois, pour le comparer au persan, d'Herbelot trouva que le nom du Dieu des Siamois, *Sommona-kodom*, signifie en Persan, ciel ancien, ou ciel éternel & incréé. Le persan, comme l'hébreu, ne met point de différence entre ces significations. » En conséquence Laloubere est porté » à croire que les ancêtres des Siamois » ont adoré le ciel, comme les anciens » Chinois, & peut-être comme les an- » ciens Perses ; mais qu'ayant ensuite » embrassé la doctrine de la métempsi- » cose, & oublié le vrai sens du mot, » ils ont fait un homme de l'esprit du » ciel, avec un grand nombre d'attri- » butions fabuleuses(*a*). J'ai laissé parler

(*a*) Hist. des voy. Tom. XXXVI, p. 342.

Laloubere

Laloubere, parce que ces conformités & ces remarques ne font pas suspectes dans sa bouche. Je n'aurais pu rien dire de plus en faveur de mon opinion.

Ceci me rappelle encore une conformité que je ne dois pas omettre. Il est dit dans l'histoire des Atlantes qu'Uranus, leur premier Roi, Uranus qui les a civilisés, mérita l'apothéose après sa mort (a) & donna son nom au ciel. Cet ancien nom de la demeure des Dieux & des astres, est demeuré dans la langue grecque avec la même signification. Les Grecs en ont fait la muse qui préside aux sciences, & particuliérement à l'astronomie, conformément à la tradition de la lumiere apportée par cet antique législateur. On voit ici une analogie frappante entre le *Tien* des Chinois, le *Sommona-kodom* des Siamois, & l'*Uranus* des Atlantes. C'est toujours le ciel, c'est la justification de

---

(a) Diodore de Sicile, Liv. III.

l'idée de Laloubere. On conçoit comment on a pu faire de l'esprit du ciel un individu, ou plutôt comment un homme est devenu l'esprit du ciel. Ce furent les Atlantes qui firent cette apothéose. Il semble donc que le culte du ciel a été universel, & que le monde a eu primitivement un législateur, & un législateur unique.

Le dogme des deux principes ne paraît pas moins universellement répandu. C'était la base de la théologie persanne. J'ai déjà dit qu'on le retrouvait dans l'Inde, au Pégu; il existe dans la philosophie chinoise, puisqu'elle réduit tout à deux principes primitifs, le repos & le mouvement. Une chose qui ne doit pas vous échapper, Monsieur, c'est que les Persans réunissant la croyance des deux principes avec le culte du feu, il paraît naturel d'en conclure que le feu était l'un de ces principes. En effet, ils ne l'adorent que parce qu'ils le regardent comme l'agent universel de la nature, & l'emblême de la divinité. Mais cet agent universel, l'ame du monde, la source de la chaleur & du mouvement, a bien de l'analogie avec le principe qui produit le mouvement dans la philosophie chinoise : &, en reconnaissant la conformité des idées des deux peuples à cet égard, on peut voir si j'ai eu raison d'avancer que le dogme des deux principes avait une origine physique.

L'usage des libations, les fêtes de l'effusion des eaux, le tableau de l'innocence primitive du monde & de l'âge d'or, le souvenir du déluge, les allarmes qu'il a répandues sur la terre, le prétendu calcul des périodes qui peuvent ramener cette calamité terrible, le culte des montagnes, la tradition des géans & celle de l'île Atlantique, sont déjà chez la plupart des peuples des conformités remarquables; mais ils ont trois grands traits de ressemblance qui méritent toute notre attention. Le premier est que, chez les uns, leur principal Dieu, chez les autres, leur premier législateur, chez tous, l'objet de leur culte, ou la source de leur philosophie, est un seul & même personnage : le second, que le dogme des deux principes, la métempsycose, les esprits célestes, en un mot tous les systêmes de religion & de théologie, ont dans l'Asie une universalité qui semble ne faire qu'un peuple de toutes les nations de cette vaste partie du monde. Enfin le dernier trait de ressemblance, & le plus frappant sans doute, c'est que toutes ces théologies ne sont que la corruption d'un systême de philosophie erroné, mais profond, celui de l'ame universelle, celui des deux principes de la nature, la matiere inerte, & la force ou l'esprit universel qui l'anime. Si ces conformités sont fondées sur l'erreur, elles n'en sont que plus démonstratives. Les témoignages semblables de la vérité ne prouvent pas un accord, l'uniformité de mensonges est une preuve de complicité. Nous verrons dans la lettre suivante des conformités non moins singulieres, parce qu'elles appartiennent aux sciences.

Je suis avec respect, &c.

QUATRIEME LETTRE

A M. DE VOLTAIRE.

Conformités des peuples anciens dans les sciences, & dans les institutions qui y sont relatives.

Paris, ce premier Septembre 1776.

Les sciences, & sur-tout l'astronomie, nous offrent, Monsieur, dans toutes les nations de l'Asie, des conformités d'un autre genre ; ce sont des vérités, ce sont les objets communs de la recherche des hommes. On serait d'abord tenté de croire que tous les hommes peuvent y parvenir ; mais cette recherche est longue, elle exige du tems, elle suppose une certaine maturité de l'esprit. Ces vérités, ces idées, sont le résultat & le produit d'un nombre d'élémens qu'il faut avoir acquis séparément, & cette réunion de circonstances est une grande conformité. Je vous citerai d'abord l'usage d'orienter les bâtimens, usage qui se retrouve chez les Egyptiens, les Chaldéens, les Indiens & les Chinois (a), c'est-à-dire, chez les quatre plus anciennes nations du monde.

Cet usage a lieu principalement pour les édifices publics & pour les temples. Il doit avoir sa source dans la religion; & comme le culte du feu paraît être le culte primitif, on peut croire que les anciens orientaient leurs temples, en dirigeaient l'entrée au levant, pour jouir plutôt de la vue du soleil, & introduire ses premiers rayons dans le sanctuaire. On ne peut s'empêcher de reconnaître ici l'unité d'idées & d'intentions; mais ce qui est plus remarquable, c'est que les quatre nations citées avaient fait les mêmes progrès dans l'astronomie, & avaient les mé-

_____

(a) Hist. de l'astr. anc.

thodes nécessaires pour diriger leurs bâtimens vers les quatre parties du monde. Vous savez que M. de Chaselles ayant vérifié la position des pyramides d'Egypte, a trouvé leur direction fort exacte.

La période de soixante ans, qui sert à régler la chronologie, appartient aux mêmes peuples, & on peut dire, à toutes les nations anciennes & modernes du grand continent de l'Asie. Quelle que soit l'origine de cette période, soit que ce nombre d'années ait été choisi pour quelque raison, soit qu'il ait été pris arbitrairement, il serait fort extraordinaire que toutes les nations se fussent accordées dans ces raisons, ou rencontrées dans ce choix. La conformité deviendra plus sensible & plus singuliere, si nous considérons que la plupart de ces nations avaient d'autres périodes de cent quatre-vingts, de six cens, & de trois mille six cens ans, qu'elles partageoient la durée du jour en soixante heures, l'heure en soixante minutes, &c., qu'elles divisaient le cercle en trois cens soixante degrés, & le rayon en soixante parties. Cette affection de tous les peuples pour le nombre sexagésimal, semble prouver qu'ils avaient connu sa propriété d'avoir beaucoup de diviseurs ; car un choix suppose des raisons de préférence. Mais ce choix également commun, un même esprit dans ces institutions, auraient de quoi nous étonner, s'ils ne partaient pas de la même source. J'oserais presque avancer que, dans la durée entiere du monde, le hasard ne pourrait faire accorder sur tous ces points deux peuples qui n'auraient aucun rapport d'origine, ni de communication.

Passons aux deux divisions du zodiaque en douze & en vingt-huit parties, également communes à ces nations. Il ne sera pas inutile de marquer ici la suite des idées par lesquelles il a fallu passer. La premiere connaissance nécesfaire est celle du mouvement du soleil. Nous avons dit combien de siecles ont dû s'écouler avant qu'on soupçonnât le mouvement de cet astre ; tant de peuples jouissent de sa lumiere, & le voient tous les jours se lever & se coucher, sans s'embarrasser s'il occupe la même place dans le ciel ! Il a fallu ensuite déterminer la durée de sa révolution, s'assurer qu'il suit toujours la même route, enfin marquer au milieu des étoiles la ligne tracée par cette route. Il a été naturel de diviser cette ligne ; mais dans le nombre des divisions qu'on pouvait employer, ces nations se sont accordées à choisir celles que la lune offrait en vingt-huit parties par les intervalles de son mouvement diurne. Ces nations se sont ensuite accordées à tenter de concilier les révolutions du soleil & de la lune, à subdiviser l'année en douze mois ou lunes, & à partager le zodiaque en douze portions analogues.

Tant d'uniformité dans la marche des idées est-elle donc naturelle ? La science elle-même est-elle essentielle à l'homme ? Les Grecs n'y penserent qu'après leurs voyages en Orient ; les Romains n'y songerent jamais. Les nations de l'Europe divisées, occupées pendant des siecles à se déchirer, après avoir vieilli dans la barbarie, n'ont été éclairées que par l'invasion des Maures, & par l'arrivée des Grecs échappés à la prise de Constantinople. Ces lumieres adoptées étaient celles de l'Asie. Aucune de ces nations n'a eu l'idée de diviser le zodiaque. Les Mexicains, peuple assez policé, instruits de la révolution du soleil, la partageoient en mois de vingt jours; ils n'ont connu ni la division de l'année en douze mois, ni celle du zodiaque en douze signes. Si cette division était si naturelle, pourquoi les Mexicains ne l'auraient-ils pas imaginée, eux qui habitaient un climat aussi beau que celui des Indes, sous un ciel sans doute aussi favorable aux progrès de l'astronomie ?

Si quelque chose tient à la nature de l'homme, c'est la législation. Elle est fondée sur les besoins mutuels, sur les rapports réciproques : elle a pour objet d'enchaîner les passions, qui sont partout les mêmes; cependant, quelles différences ne remarque-t-on pas dans les loix des peuples divers! Lorsque les hommes ne s'accordent pas sur leurs rapports mutuels, on voudrait qu'ils s'accordassent dans les idées que fait naître le spectacle du ciel, dans les divisions qu'il permet. La Marquise de M. de Fontenelle appercevait dans les taches de la lune des amans heureux ; le curé n'y voyait que des clochers. C'est l'histoire des hommes & des peuples. Il serait déjà très-singulier que deux peuples, sans aucune relation, eussent également imaginé de diviser le zodiaque en douze ou en vingt-huit parties ; combien n'est-il pas plus extraordinaire de trouver ces deux divisions réunies chez tous les peuples de l'Asie, mais en particulier chez les Chinois & chez les Egyptiens séparés par une distance de plus de trois mille lieues!

Permettez-moi encore une observation, Monsieur. Macrobe & Sextus Empiricus nous apprennent que les Chaldéens, ou les Egyptiens, divisèrent le zodiaque en douze parties par le moyen de la chûte de l'eau. On s'est moqué de leur récit, on l'a regardé comme une fable; mais on avait tort. Les poëtes ont inventé des fictions pour amuser les hommes; les historiens ont trompé la postérité par intérêt; mais l'histoire de cette division ne fait pas un conte fort plaisant. Je ne vois pas bien quelle espece d'intérêt aurait pu porter à l'inventer; & je crois que Macrobe & Sextus Empiricus nous ont rapporté fidellement une ancienne tradition. Voici comment se fit cette division. Les anciens, ayant un grand vase rempli d'eau, laisserent cette eau s'écouler par une ouverture, au moment où une certaine étoile se montra le soir à l'horifon, & jufqu'au moment où elle s'y remontra de nouveau le lendemain. Ils partagerent l'eau écoulée pendant la durée d'un jour, en douze parties; & comme l'équateur fait une révolution entiere en vingt-quatre heures, ils penferent que la douzieme partie de cette eau mefurerait, en s'écoulant, la douzieme partie de l'équateur. C'était une erreur; l'eau tombe d'autant plus vîte, fort avec d'autant plus d'abondance dans le même tems, qu'elle tombe de plus haut, que le vafe eft plus plein. Par cette méthode, la premiere douzieme partie, en s'écoulant, répondrait à la vingt-quatrieme partie de l'équateur, & la derniere portion d'eau à une portion plus grande que le quart de la circonférence. Cette erreur eft trop fenfible pour que les anciens ne s'en foient pas d'abord apperçus. Je crois avoir deviné ce qu'ils ont imaginé pour remédier à l'inégalité de la chûte de l'eau ; c'est de reverser cette eau dans le vase, à mesure que chaque douzieme partie était écoulée. C'était le moyen d'avoir toujours le vase plein & la chûte égale. Il est arrivé seulement que l'équateur a été partagé en vingt-quatre parties, au lieu de l'être en douze.

On retrouve des traces marquées de cette division primitive. Les Indiens avaient des mois de quinze jours ; les Perses partageoient l'année en vingt-quatre mois : &, ce qui est plus fort, les Chinois ont conservé cette division même : leur zodiaque est encore partagé en vingt-quatre parties (a). N'est-il pas bien singulier que Macrobe & Sextus Empiricus nous racontent une histoire dont le complément se trouve à la Chine ? & n'est-il pas naturel de

---

(a) Hist. de l'astr. anc. éclair. Liv. IX. §. 14.

conclure que cette divifion & cette méthode font plus anciennes que les Chaldéens & les Chinois ? Si quelque chofe préfente l'idée d'une fcience démembrée & partagée, l'image des débris d'une ancienne conftitution, c'eft lorfqu'on trouve à la Chine l'ufage établi d'une divifion dont la méthode & la tradition fe font confervées à l'autre extrémité de l'Afie. Ajoutons une probabilité prefque démonftrative. J'ai établi fur les inductions les plus fortes, que la divifion du zodiaque en douze fignes avait dû précéder l'ère chrétienne de plus de quatre mille fix cens ans (*a*) : elle a donc été exécutée plus de treize ou quatorze cens ans avant l'exiftence des Chinois, des Indiens & des plus anciens peuples connus ; & puifqu'elle fe retrouve également chez tous ces peuples, elle doit donc être placée à leur origine commune ; elle

────────────────

(*a*) Hift. de l'aftr. anc. éclairc. Liv. III, §. 10.

eſt donc l'ouvrage, l'inſtitution d'un peuple inconnu qui les a précédés.

N'eſt-ce pas encore une conformité bien étonnante, que celle de tant de peuples qui ſe ſont accordés à meſurer le tems, par une petite période de ſept jours, que nous nommons ſemaine? Parmi ces peuples, les Chinois, les Indiens & les Egyptiens s'accordent également à déſigner les jours par le nom des planetes. Il eſt très-remarquable que ces planetes y ſont rangées dans un ordre qui paraît arbitraire, ou du moins qui eſt fondé ſur des raiſons que nous ignorons. J'ai dit, & j'oſe répéter, qu'il eſt impoſſible que le haſard ait conduit ſéparément ces trois nations à l'idée de partager le tems en intervalles de ſept jours, à nommer ces jours par les ſept planetes, & enſuite à les ranger ſuivant un certain ordre abſolument arbitraire. Le haſard ne produit point de pareilles reſſemblances.

Diſons encore, Monſieur, que ſi,

K

suivant la pensée de Leibnitz & du P. Bouvet, ce qu'on nomme les *Koua* de Fohi, ces lignes entieres & rompues, sont les deux caracteres d'une arithmétique binaire, d'où résulte une explication très-heureuse de la combinaison de ces lignes (*a*); il s'ensuivra qu'il existait avant Fohi un syftême de numération. Un pareil syftême ne doit point se trouver parmi les premiers établissemens d'un peuple. Ce n'est point l'ouvrage de l'instituteur, ignorant & grossier lui-même, d'une nation plus grossiere encore. C'est beaucoup si l'on compte alors par ses doigts. Mais ces lignes conservées pendant tant de siecles, où les Chinois prétendent lire tant de choses, ne fussent-elles qu'un essai de combinaisons, & rien de plus; c'est toujours le fruit de la méditation. Je ne me sens pas la force de méditer quand je suis pressé par la faim, en

_____

(*a*) Mém. de l'Acad. des sciences 1703, p. 58.

cherchant mon dîner, quand il faut songer à me vêtir pour me défendre du froid, on quand la pluie m'inonde, en attendant que ma maison soit bâtie. Vous ririez sans doute d'un homme qui, dans ces nécessités, s'amuserait à ranger des cailloux suivant un certain ordre & avec symmétrie. Alors il y avait plus que du ridicule, il y avait incapacité. Dans ces premiers commencemens des choses, les travaux suffisent à peine aux besoins, tout est en activité : c'est l'impulsion du génie que la nature éleve au - dessus des autres, pour les gouverner & les instruire. Mais ce génie se borne à leur enseigner à coudre des peaux, à construire des huttes, & à perfectionner ou la chasse, ou une culture grossiere. Voilà ce qu'auraient fait Descartes & Newton, s'ils étaient nés parmi les Hottentots. Ce génie n'a point les idées de lignes, d'arithmétique, de combinaisons; idées qui naissent par le loisir & par le développement d'un esprit perfectionné. Si Fohi les apporta à la Chine, elles étaient étrangeres à son peuple, à lui-même, & le produit d'une science antérieure.

Je ne répéterai point, Monsieur, ce que j'ai cité de M. l'abbé Roussier, qui trouve que le système musical des Grecs & celui des Chinois sont le complément l'un de l'autre, & que ces deux systêmes sont le démembrement d'un systême primitif, ouvrage d'un peuple plus ancien que les Grecs & les Chinois.

Je passe à ce que j'ai avancé sur les mesures longues des Grecs & des Romains. J'ai dit qu'*elles tenaient à un systême de mesures combinées, liées à un rapport exact, qui dérive d'une mesure universelle* (a). J'ai developpé cette idée dans un mémoire lu à la séance publique de l'Académie des sciences, le 17 Avril de cette année. Je crois avoir

---

(a) Hist. de l'Astr. anc. p. 85.

prouvé dans ce mémoire, que les anciennes déterminations de la circonférence de la terre, savoir, celle de Ptolémée de cent quatre-vingt mille stades, celle de Possidonius de deux cens quarante mille stades; deux autres citées, l'une par Cléomede, de trois cens mille, l'autre par Aristote, de quatre cens mille stades ; une pareille détermination citée par un auteur Persan, évaluée à huit mille parasanges, ne sont qu'une seule & même mesure de la terre, rapportée & traduite en stades différens & en parasanges. J'ose vous assurer, Monsieur, que cette conclusion est de la plus grande évidence. Il en résulte en effet que tous les stades, les milles, la parasange persanne, le schœne persien, le schœne égyptien, le cofs & le gau, especes de mesures indiennes, sont tous liés entr'eux par des rapports exacts & déterminés. Toutes ces mesures différentes ne sont qu'une mesure plus petite, répétée un certain nombre de fois; & cette mesure unique, originelle, est la grande coudée conservée sur le Nilomètre du Caire (*a*). C'était la base du système général de toutes les mesures de l'Asie & de l'antiquité.

Je ne discuterai point ici la supposition que ces mesures ont pu être communiquées; je vous dirai bientôt ce que je pense sur la possibilité de ces communications. J'observerai seulement que les communications n'ont jamais été si ouvertes, les peuples si réunis, qu'ils le sont aujourd'hui dans l'Europe, par le commerce, les arts & les sciences. Cependant les lieues, & en général toutes les mesures de ces peuples, sont différentes; elles n'ont point d'unité à laquelle on puisse également les rapporter; elles ne présentent point un système semblable à celui que j'ai développé,

―――――――――――――
(*a*) Mém. de l'Acad. des scien. 1776.
Cette coudée est de 20 pouces ½. Elle existe encore a Florence sous le nom de brasse.

& ce fyftême eft un grand caractere, qui annonce l'unité d'invention. Sans doute cette coudée n'eft pas dans la proportion de la ftature humaine, telle qu'elle exifte aujourd'hui. Peut-être appartient-elle à une nature plus forte; mais une conjecture plus vraifemblable, c'eft qu'on a pu aggrandir cette coudée pour la lier à la mefure de la terre. Les probabilités démontrent que la circonférence du globe n'eût point contenu fi précifément quatre cens mille ftades, huit mille parafanges, foixante-douze millions de coudées, fi ces mefures itinéraires n'avaient été réglées fur l'étendue de cette circonférence. Les anciens ont donc eu, comme nous, l'idée de rendre leurs mefures invariables, en les prenant dans la nature; & cette idée, encore fans exécution chez nous, femble avoir été remplie par eux. Cette inftitution des mefures, demandait que celle de la terre fût exécutée avec précifion. Auffi la plus ancienne détermination de la circonférence de la terre, rapportée par Ariſtote, & les quatre autres qui n'en ſont que des copies, ont-elles une exactitude égale à celle de la meſure entrepriſe dans nos ſiecles modernes. Voilà, Monſieur, ce qui réſulte avec évidence du mémoire dont je viens de vous faire l'extrait. Cette détermination, à cauſe de ſon exactitude même, ne peut être l'ouvrage des Grecs qui ont précédé Ariſtote. Ils ne connaiſſaient ni les inſtrumens, ni l'art de s'en ſervir pour obſerver. D'ailleurs, Ariſtote n'en nomme point les auteurs. Ce ſilence démontre que la vanité greque n'y avait aucun droit. Je ne vois dans l'Aſie aucune des nations connues, à qui cette détermination puiſſe appartenir. Ce qu'ont fait depuis les Chaldéens & les Chinois dans ce genre, n'eſt auprès de cette meſure qu'une eſtimation groſſiere. La meſure exacte de la terre, & les progrès des arts qu'elle suppofé, ne peuvent donc être attribués qu'à un peuple inconnu dans l'antiquité. Il refte à demander comment ce peuple a pu nous être inconnu, s'il a été contemporain des Indiens & des Chaldéens, comment fa mémoire a été détruite, tandis que celle de leurs fciences & de leur philofophie nous eft parvenue. Mais je me borne à conclure ici que cette détermination de la grandeur de la terre, toutes les mefures itinéraires, la coudée primitive & univerfelle qui en eft la bafe, ont été confervées chez les Indiens, les Perfes, les Chaldéens, les Egyptiens, d'où elles ont paffé chez les Grecs & les Romains.

Réuniffons fous un même point de vue, Monfieur, tout ce que nous venons de parcourir. Nous avons trouvé le même efprit & les mêmes idées dans un grand nombre de fêtes antiques des différens peuples; partout la fiction de l'âge d'or & le fouvenir du déluge;

partout le même caractere de superstitions & de fables ; des traditions uniformes ; des institutions astronomiques qui supposent des progrès semblables dans la science ; des institutions civiles pour la chronologie & la regle du tems, dérivées de la même source, & absolument identiques ; un systême de musique entier & suivi, dont les deux moitiés séparées par les révolutions des choses humaines, ont été portées aux deux extrémités du globe; une mesure primitive qui existe encore partout en Asie, par elle-même, ou par ses composés, qui fut liée à une détermination très-ancienne & très-exacte de la grandeur du globe ; un même législateur pour les sciences, les arts, la religion; les mêmes systêmes de physique & de théologie ; la même marche d'idées pour fonder les uns sur la corruption des autres, & pour ne présenter dans les principes moraux, dans les idées religieuses, que des systêmes de physique oubliés & détruits ; enfin des traces partout conservées de l'ignorance qui succede à la lumiere. Toutes ces ressemblances, vous en convenez, Monsieur, sont évidentes & singulieres. On ne peut les expliquer qu'en supposant une communication libre & facile entre les anciennes nations de l'Asie, ou en établissant que ces idées semblables, ces institutions conformes, tiennent si essentiellement à la nature humaine, qu'il est impossible à l'homme livré à lui-même de n'y point parvenir, ou enfin en déduisant ces ressemblances d'une parenté & d'une source unique de tous les anciens peuples. Je vous laisse reposer, Monsieur, avant de discuter ces trois questions.

Je suis avec respect, &c.

CINQUIEME LETTRE
A M. DE VOLTAIRE.

Ces conformités ne sont point le produit de la communication.

A Paris le 7 Septembre 1776.

Est-ce donc une chose si facile, Monsieur, que la communication des idées ? Avez-vous jamais vu un Moliniste ramener un disciple de Jansenius ? Les partisans & les adversaires du commerce des blés divisent notre capitale, ils soupent ensemble, ils disputent, ils se fâchent, mais je ne vois pas qu'ils fassent beaucoup de conquêtes les uns sur les autres. Le tems, loin de nous éclairer, nous rend plus opiniâtres. Les idées, les systêmes, après une longue possession, deviennent un patrimoine que l'on défend avec chaleur. Un jeune homme, fort de raisons & de vérités, a-t-il jamais fait changer l'opinion d'un vieillard ? L'abbé de Molieres eſt mort en combattant ſur les ruines du ſyſtême de Deſcartes. De pareils combats reſſemblent à ces chocs d'armées, qui ne décident rien, & après leſquels les deux partis chantent le *Te Deum*.

Il faut l'avouer, nous ſommes nés pour les préjugés, bien plus que pour la vérité ; la vérité même n'eſt opiniâtre que lorſqu'elle eſt devenue préjugé. On ne diſputerait pas, on s'éclaircirait, ſi on pouvait s'entendre. Mais nos entretiens ne ſont que la converſation des ſourds. Les idées, avec le tems, ſe fortifient par de profondes racines : elles pouſſent des rameaux qui rempliſſent la tête entiere ; on ne voit, on n'entend plus qu'elles : l'entrée eſt fermée, défendue ; les idées nouvelles, faibles, parce qu'elles ſont naiſſantes, n'ont pas la force de pénétrer ; & pour ſe placer, elles attendent des têtes neuves. C'eſt donc la jeuneſſe ſeule qui les accueille : elles ne peuvent se renouveler qu'avec les générations.

Ce que je viens de dire des hommes, doit s'appliquer aux peuples en général; avec cette différence, qu'un peuple est toujours plus opiniâtre qu'un individu. La multitude n'a point d'oreilles; vieille de la suite de ses ancêtres, elle conserve leurs usages, leurs opinions, avec l'amour & l'aveuglement de la vieillesse.

Il est sans doute un certain état des choses, qui, à la longue, permet entre les peuples la communication de quelques idées; mais cette communication est toujours lente & difficile. Il me semble que l'on n'a pas bien distingué la maniere, dont elle a lieu chez les peuples, qui commercent le plus les uns avec les autres. Machinalement ou physiquement, l'homme est imitateur : mais si la nature a voulu qu'il fût porté par un penchant secret, par une force assez grande, à faire tout ce qu'il voit faire, elle a voulu lui conferver fon originalité par l'amour propre. Ces deux pouvoirs fe balancent : l'un porte les hommes à fe reffembler, pour fe plaire ; l'autre les empêche de ne montrer qu'une couleur & de n'avoir qu'un vifage. C'eft l'amour de foi qui défend les caracteres dans la fociété ; c'eft l'imitation qui forme le caractere national. Les hommes réunis pour leur sûreté, en vivant enfemble, perdent tous les jours quelque chofe des nuances fortes qui marquent leur caractere: tandis que les goûts & les paffions fe combattent, que les opinions fe choquent, les différences s'ufent, pour ainfi-dire, par le frottement ; il en réfulte une forme générale qui appartient à tous les individus. Mais cet effet n'eft produit qu'à la longue, c'eft le réfultat des attaques fourdes de l'habitude, laquelle agiffant conftamment, eft plus puiffante que l'amour propre qui n'agit pas toujours. C'eft parce que ces attaques sont insensibles, que l'amour propre surpris n'en est averti que lorsqu'il n'est plus tems d'y remédier. Or il y a une très-grande différence du commerce des peuples les uns avec les autres, à celui des hommes d'une même nation. La nature & la politique ont posé des barrieres entre ces peuples ; la communication ne peut pas se faire d'une maniere insensible ; les efforts ne sont pas multipliés par l'habitude ; l'orgueil & la jalousie nationale veillent aux frontieres sur les opinions qui tendent à les franchir, comme les préposés des Souverains sur les marchandises prohibées. La nature, qui a établi un état de guerre d'homme à homme, de peuple à peuple, a mis la même division dans les esprits ; on résiste à admettre telles idées, telles opinions, tels usages, non parce qu'ils sont mauvais, mais parce qu'ils sont étrangers. Si quelques-unes de ces idées, de ces opinions, parviennent à s'introduire, ce n'est que par

par une espece de fraude & de contrebande ; & la vérité, qui appartient à tous les pays, à laquelle l'homme résiste toujours en raison de l'inertie de l'ignorance, est sûre d'être proscrite quand elle porte un vêtement étranger. Si elle est admise, ce n'est qu'après les combats répétés de la raison contre le préjugé : il faut qu'elle ait été long-tems examinée, & que cet examen l'ait naturalisée dans les esprits pour faire oublier son origine.

D'après ces considérations, qui me paraissent vraies, Monsieur, & qui sont prises dans la nature des choses, vous convenez que des peuples qui n'ont eu primitivement rien de semblable, quelque voisins qu'ils soient, ne doivent jamais confondre leurs mœurs, leurs opinions, leurs usages ; & qu'ils ne peuvent acquérir une certaine ressemblance sur quelques points, que par une longue suite de siecles. Ces ressemblances sont des exceptions ; les excep-

L

tions sont toujours en petit nombre. On pourrait proposer beaucoup d'exemples de la difficulté d'introduire des usages étrangers. Je ne vous citerai que la réformation du calendrier grégorien ; réformation d'une nécessité indispensable, exécutée par le Pape Grégoire XIII ; elle fut rejetée par les états protestans. Les préjugés, la jalousie de religion, ont à la fin cédé ; mais il a fallu près de deux cens ans pour que la réforme devînt universelle. Cependant la politique, le commerce & la lumiere des sciences ont établi entre tous les peuples de l'Europe une communication très-libre. Les relations sont telles, que tous ces peuples pourraient être considérés comme un seul peuple sous le nom d'Européens : car on doit faire entrer ici une considération importante, c'est la population uniforme & partout rapprochée. Toutes les différentes parties de l'Europe sont également habitées ; les peuples se touchent, & les hommes peuvent, pour ainsi dire, se donner la main d'une extrémité de l'Europe à l'autre. Cette population continuée établit un rapport, produit une certaine union entre les hommes, qui habitent les deux côtés d'une frontiere. Les traits marqués s'adoucissent par la dégradation, & se confondent presque dans une nuance commune. Le Flamand, qui n'est séparé du Français que par une ligne de démarcation, doit avoir plus d'analogie avec lui que l'Anglais, circonscrit & défendu dans son île par la mer.

Si nous nous transportons dans un vaste continent, où cette population continuée n'existe pas, où de hautes montagnes, & sur-tout des deserts séparent les différens peuples; les communications, le transport des choses les plus nécessaires, seront difficiles, peut-être impraticables; l'échange des idées, fondé sur un besoin moins réel & moins connu, n'aura point lieu;

les nations isolées, outre qu'elles auront peu d'occasions, pour cet échange, auront plus de fierté, de prévention nationale, & de mépris pour tout ce qui n'est pas elles. Concentrées en elles-mêmes, elles doivent avoir ce caractere d'indifférence & de personnalité que prend nécessairement l'homme qui s'isole, & qui ne vit point avec ses semblables. Ce vaste continent, c'est l'Asie. Si nous exceptons la Chine, où une population nombreuse, un commerce actif, ont forcé la police générale à tracer des routes, à ouvrir des canaux, vous conviendrez, Monsieur, que dans la plus grande partie de l'Asie, les communications sont difficiles. On n'y voyage que pour la guerre & pour le commerce. Le commerce s'y fait par des caravanes, & ces caravanes sont la preuve qu'il n'est ni libre, ni facile. Un soleil brûlant, des sables, des deserts habités par des voleurs, rendent la marche pénible &

dangereuse. La faim & la soif menacent encore la vie du voyageur. Ces routes n'ont point de vivres, parce qu'elles sont peu fréquentées. Il y a donc quelque différence de ces routes à nos longues avenues d'arbres, où chaque pas offre au voyageur les commodités & les ressources nécessaires. Un Indien, voyageant en Europe, croirait se promener toute la journée, & coucher tous les soirs dans son lit.

Vous conviendrez, Monsieur, qu'on ne s'éclaire point par une guerre réciproque ; souvent même les peuples se battent sans se connaître. On peut voir son pays ravagé long-tems & à plusieurs reprises, par une nation lointaine & ignorée. L'Europe citera l'exemple des Normands, qui ont donné le nom à une de ses provinces. Ce nom est dû à l'ignorance du tems. On les appela *hommes du nord*, parce qu'on ne les connut que par le vent qui les apportait. La guerre était donc la seule relation établie entre le nord & le midi de l'Europe. Le commerce, plus paisible, n'est pas beaucoup plus utile aux progrès des connaissances. En voyant la part que nos marchands prennent à nos sciences, on peut juger de celle qu'ils peuvent en faire aux étrangers. Ils sont plus chargés d'étoffes & de denrées, que d'idées philosophiques; les opinions ne sont pas des effets commerçables; c'est comme la monnoie, chaque peuple a la sienne.

Je ne prétends pas dire que les relations du commerce, & même celles de la guerre, ne puissent procurer quelques échanges de connaissances. Mais ces causes agissent si lentement, qu'il faut bien des siecles, & des occasions de tous les jours, pour que les effets deviennent sensibles. D'ailleurs, il y a bien loin de la connaissance à l'adoption des usages & des opinions. Cette adoption, déjà difficile entre les hommes qui vivent ensemble, le devient infiniment davantage entre les hommes de différentes nations, qui se voyent peu, & qui sont toujours en garde contre cet effet d'une société passagere. L'adoption me paraît absolument impraticable, quand ces nations sont isolées, non seulement par leur position, mais par leur politique & par leur orgueil. Cette haute estime d'un peuple pour lui-même, ce profond mépris pour tous les autres, est une preuve qu'il ne les connaît pas, qu'il a peu communiqué avec eux : l'orgueil eût appris à se modérer, il se fût abaissé par les comparaisons. On connaît l'orgueil des Chinois. M. le Gentil est témoin de celui des Indiens. L'histoire ancienne, & les relations orientales, offrent partout les preuves de l'attention que ces peuples ont apportée à se concentrer, à s'isoler, à s'interdire toute communication avec les étrangers. Les Prêtres de l'Egypte faisoient jurer à leurs Rois, en les consacrant, que, sous quelque prétexte que ce fût, ils n'introduiraient jamais aucun usage étranger (a). Moïse, pour conserver la religion dans sa pureté, en avait fait un précepte aux Hébreux ; mais c'était l'usage universel de l'Asie. Les mysteres religieux de la Grece étaient une imitation de ceux de l'Orient. Les Prêtres y cachaient leurs dogmes, ou dans un secret impénétrable, ou sous des emblêmes ingénieux, pour en dérober la connaissance à ceux qui n'étaient pas initiés.

L'entrée de la Chine est défendue ; on ne passe pas au-delà des ports : il faut être Chinois, Ambassadeur ou Jésuite, pour aller à Pékin. Tout cela, Monsieur, ne favorise pas la communication nécessaire aux ressemblances que nous remarquons dans l'Asie.

Ajoutons que les différentes religions sont encore une barriere entre les nations de l'Asie. On ne prend point une

―――――――――

(a) *Freret*, Déf. de la chronol. p. 395.

femme dans une autre secte que la sienne. Il faut adorer les mêmes Dieux, & de la même maniere, pour manger ensemble. Le contact, ou l'approche d'un étranger suffit pour rendre impur. Le mélange des peuples, la société qu'ils se permettent, est sans doute la source de la communication des idées ; mais que devient la société, si l'amour, ce principe naturel & sacré de l'union, si les douceurs de la joie & de l'égalité, les plaisirs de la table, sont défendus ? Les familles se rapprochent, se confondent par les alliances : ces besoins sont les nœuds essentiels ; il ne reste, après les avoir rompus, que la rivalité d'ambition, de gloire, d'intérêt, & les divisions.

Les nations de l'Asie & de l'antiquité me paraissent particuliérement remarquables par un attachement opiniâtre aux anciens usages. Cet attachement a sa source dans la nature. La jeunesse est l'âge de l'imitation ; on se plaît à répéter ce qu'on a vu faire à son pere, à son aïeul, aux objets de son respect. Quand les premieres années s'accumulent, on aime à suivre les premiers erremens de son enfance, comme on aime à revoir les lieux où l'on est né. Il est doux de remonter, du moins par le souvenir, contre le torrent de l'âge qui nous emporte ; & ce qui conserve l'esprit & les usages des familles, conserve en même tems les usages de la nation, qui n'est qu'une famille plus grande. Voilà ce qui est commun à tous les hommes & à tous les peuples. Mais une cause très-puissante, qui ne subsiste plus, a dû redoubler cet attachement dans les tems anciens : c'est le respect pour les vieillards. Je ne parle point de celui que la nature inspire pour les auteurs de la naissance, ni du sentiment de vénération qu'excite un athlete, qui a noblement parcouru sa carriere, & qui, courbé sous le fardeau des années, est l'exemple vivant d'une vertu éprouvée. Ce sont les fentimens des ames fenfibles & honnêtes de tous les pays ; c'eft une caufe générale ; nous cherchons une caufe particuliere. Cette caufe eft l'inftruction que les vieillards répandaient dans leurs difcours. On ne favait rien que par eux : la néceffité, le plaifir de les entendre forçait à la vénération. Les faits, les opinions, les ufages tranfmis par cette tradition facrée, étaient la fageffe des ancêtres. On refpirait, en naiffant, la prévention pour cette fageffe. Un pere blanchi par l'expérience, plein de refpect encore pour les inftructions du fien, faifait paffer ces inftructions & ce refpect, qui s'augmentait dans le jeune élevé. Les vieillards jouiffent moins aujourd'hui de cette confidération fi recommandée dans l'antiquité, & qui fait tant d'honneur à Lacédémone : c'eft la fuite & l'effet de l'invention de l'imprimerie. Jadis ils portaient tout dans leur tête, les sciences, l'histoire, la morale ; *vieillards*, *anciens*, *philosophes*, étaient des mots synonymes. A présent, quand l'âge affaiblit leur mémoire, ils sont souvent moins instruits que les jeunes gens ; on les quitte pour les livres, qui sont les vrais précepteurs des hommes. Parmi le peuple, qui ne lit pas, ils sont écoutés & plus respectés : mais dans le monde éclairé, il n'est que le Nestor de Ferney qui demeure l'oracle des gens de goût & des philosophes. En relâchant les liens des familles, on a préparé les liens des nations ; la vénération filiale s'est affaiblie en s'étendant sous le nom d'humanité ; mais alors elle croissait à chaque âge, & conservait la sagesse & l'esprit des ancêtres.

Nous voyons comment se formait une masse d'opinions, d'usages, de coutumes, qui par la lenteur de sa construction, & par la solidité de ses fondemens, pouvait résister à l'effort des nouveautés, & s'opposer au mélange des mœurs. Cette peinture explique comment une nation dispersée, telle que les Juifs, les Parsis, les Banians, peut vivre au milieu des autres peuples, sans s'y mêler & sans s'y corrompre ; mais elle ne paraît pas favorable à la communication facile & multipliée des opinions & des usages. Il serait assez singulier que cette nation les conservât dans une terre étrangere, avec tant d'occasions de les perdre, & que dans son pays même où elle a régné, où elle était réunie, où l'esprit national avait sa force entiere, elle eût adopté si facilement des usages nouveaux.

Allons plus loin, Monsieur ; cette communication ne peut avoir lieu qu'en supposant une connaissance réciproque, une fréquentation suivie des différens peuples de l'Asie. Mais les voyageurs nous apprennent que les Asiatiques ne sortent gueres de leurs pays, & il ne nous sera pas difficile de prouver qu'ils se connaissent peu les uns les autres. Les Indiens n'ont jamais envoyé de colonies, & jamais admis d'étrangers. Quelques marchands vont dans les pays voisins pour le commerce: le reste de la nation demeure auprès de ses foyers, cultive son riz, file & teint ses toiles, & sait à peine quel est le peuple qui habite au-delà de ses frontieres. Ceci, qui est vrai des Indiens, l'est également des autres peuples de l'Asie. Il se fait quelque commerce sur les côtes, entre les îles & le continent, entre l'Arabie & l'Inde, entre l'Inde & la Chine ; mais on peut croire que ce commerce maritime est assez moderne, relativement aux temps très-anciens qui nous occupent.

M. Huet vous dira, Monsieur, que les Chinois ont une origine égyptienne; il prétend qu'ils avaient étendu leur empire, seulement jusqu'au cap de Bonne-Espérance. Mais gardons-nous de le croire. Le P. Parennin déclare que cela est faux, & qu'on ne trouve rien dans l'histoire chinoise, qui puisse fonder cette assertion (*a*). Ce peuple aurait bien changé; car je ne sache pas qu'il envoye aujourd'hui des vaisseaux, même jusqu'à la mer Rouge. D'ailleurs, rappelons-nous toujours que la ressemblance des usages est aussi ancienne que les monarchies d'Egypte & de la Chine: pour l'expliquer, il faut remonter au tems de leur fondation. Il serait peut-être difficile de prouver que le commerce lointain, les flottes, & même l'usage des navires, soient d'une si haute antiquité. En outre, si les Egyptiens, comme quelques-uns l'ont pensé, avaient envoyé des flottes à la Chine, les ports leur auraient été fermés, ou du moins les hommes n'auraient pu pénétrer au-delà.

Ces suppositions, plus que dou-

(*a*) Lett. édif. Tom. XXVI, p. 222.

teuses, ne font d'ailleurs que de faibles reſſources, puiſque nous avons établi que les voyages des Marchands ſervent à échanger, non des idées, mais de la ſoie & du thé contre de l'or. Les Miſſionnaires, qui ont joui d'un privilége unique, qui ont été à la Cour, ont inſtruit l'Empereur, mais ils n'ont guères éclairé la Chine. On n'y a pas adopté un ſeul de nos uſages, même les plus utiles. Nous avons vu que les Chinois dédaignent nos lunettes & nos pendules.

Comment concevoir que jadis, à l'arrivée d'une prétendue flotte égyptienne, ce peuple ait quitté ſes uſages, ſes penſées, pour adopter celles de quelques marchands, ſoufferts un inſtant dans les ports, & exclus de l'intérieur de l'empire? Nos compagnies des Indes n'ont éclairé ni le Malabar, ni le Coromandel. C'eſt cependant ce qu'il ſerait plus naturel d'attendre d'un établiſſement fixe, & du mélange qui en réſulte.

résulte. La flotte russe a fait le tour de l'Europe, nous n'avons point appris qu'elle ait porté nulle part le rit grec. Ce qui n'arrive pas aujourd'hui à cet égard, n'est pas plus arrivé dans l'antiquité, parce que les hommes & les obstacles sont les mêmes.

On peut trouver, dans l'histoire de la Chine, la liste des communications que cet empire a eues avec les autres peuples. On y lit : *en telle année, il vint des étrangers du Royaume d'Yu-tsẽ* ; ce Royaume est, dit-on, celui des Tartares Usbecks (*a*) : *en telle année, il vint des gens des pays de l'Occident ;* ces gens étaient des Persans (*b*). Le soin de marquer l'arrivée de ces étrangers est une preuve que c'est un événement isolé, & non la suite d'une communication établie & suivie. La dénomina-

_____

(*a*) *Souciet*, Recueil des obser. faites aux Indes & à la Chine, Tom. II, p. 123.
(*b*) *Freret*, Mém. Acad. des Inscrip. Tom. XVI, p. 247.

tion de gens de l'Occident, démontre que les Chinois ne les connaissaient pas mieux que nous ne connaissions les Normands, lorsqu'ils ravagerent la France, & que Rollon vint donner leur nom à la Normandie. Si vous exceptez, Monsieur, les Scythes & les Tartares qui ont porté partout leurs courses & leurs guerres, les autres peuples n'ont eu de querelles qu'avec leurs voisins, & n'ont jamais connu qu'eux. Les Assyriens font en guerre avec les Perses, avec les Medes; leur histoire parle rarement des Arabes & des Indiens. Ce ne sont, dans les tems anciens, que des irruptions soudaines & passageres, des especes de chasses, où l'on forçait les hommes dans leurs retraites, pour se charger de leurs dépouilles. Le vainqueur & le vaincu pouvaient s'ignorer également: les Indiens ont toujours été paisibles & toujours asservis. Les Chinois semblent avoir eu plus de relation avec les Tartares, qui les ont soumis plusieurs fois. Mais ces conquêtes n'ont été que des irruptions de barbares, qui cherchaient des richesses & des pays fertiles. Les Tartares, une fois maîtres de la Chine, s'y sont établis & naturalisés, de manière qu'aujourd'hui ce n'est point la Chine qui est soumise à la Tartarie, c'est la Tartarie qui est tributaire & dépendante de la Chine. Les deux nations ne communiquent pas davantage l'une avec l'autre, & elles n'ont conservé d'autre relation que celles de l'asservissement & du despotisme.

L'état de la géographie orientale peut jeter un grand jour, Monsieur, sur ces prétendues communications. On connaît les pays & les villes avant les opinions & les usages. Les hommes qui n'ont que des yeux, voyagent longtems avant les philosophes. La géographie indienne ne s'étend pas jusqu'à la Chine vers l'Orient : elle ne connaît de terres du nord au sud que depuis les montagnes du Caucafe jufqu'à l'île de Ceylan; elle n'eft guères moins bornée à l'Occident. Auffi font-ils furpris de voir des étrangers qui ne viennent pas des cinquante petits pays, ou environ, contenus dans ces étroites limites (*a*). La géographie des Indiens ne comprend donc que les deux prefqu'îles de l'Inde; c'eft comme fi on difait qu'ils ne connaiffent que leur pays. Les géographes chinois font encore plus groffierement ignorans. Ils font la terre quarrée: cette forme eft celle de leur empire; ce doit être celle du monde, puifqu'ils croyent en occuper la plus grande partie. Les peuples voifins font jetés comme au hafard fur les bords de la carte, fous les noms *d'hommes monftrueux, de géans, de nains* (*b*). Ceci prouve que les Chinois ont été affez heureux pour n'avoir rien à démêler

---

(*a*) Lett. édif. Tom. XXI, p. 3.
(*b*) Hift. de l'Acad. des fcien. 1718, p. 71.

avec leurs voisins, & qu'enveloppés de leur sagesse, ils ont vécu dans l'ignorance de ce qui les entourait. Mais ils n'ont donc reçu aucune lumiere de ces peuples; car on connaît, du moins un peu, les gens qui nous éclairent, & surtout on ne les prend pas pour des nains.

Il me paraît évident que les nations de l'Asie font encore isolées. Concentrées dans leurs frontieres, comme les habitans d'une ville dans leurs murailles, elles n'ont fait la guerre que par des forties & des excursions, le commerce, que chez leurs voisins, & avec peu d'activité. Elles ont quelque idée de ces voisins sur des récits vagues & fabuleux, & comme le peuple, chez nous, connaît, sans les distinguer, les régences d'Alger, de Tripoli, de Tunis, pour avoir entendu parler des corsaires de Barbarie, qui font des esclaves. On peut donc croire que la plupart de ces nations existent ensemble sans se con-

M iij

naître. Cependant considérez, Monsieur, le penchant naturel qui porte les hommes à se rapprocher; penchant qui a empêché les familles de se disperser, qui les a réunies en corps, pour en former des peuples; penchant qui tendrait à ne faire qu'une société de tous les hommes, si les fléaux, les révolutions physiques & politiques ne venaient arrêter, ou suspendre, la marche de ses effets; vous conviendrez que les nations de l'Asie ont dû être jadis encore plus isolées qu'elles ne le sont aujourd'hui. Comment donc imaginer qu'on ait pu faire passer d'un peuple chez l'autre les deux divisions du zodiaque, les semaines de sept jours, les mêmes périodes, les mêmes systêmes de physique, les mêmes usages, les mêmes sectes, le même esprit de religion, le même législateur, & sur-tout des mesures semblables, tandis qu'en Europe, les peuples, qui vivent dans une espece de fraternité, mesurent les distances par des longueurs différentes, & qu'en France, l'influence du même gouvernement n'a pu amener les provinces à l'uniformité des poids & des mesures ?

Un état des choses, pareil à celui qui existe aujourd'hui en Europe, ne suffirait pas pour produire & pour réunir tant de conformités. Mais en admettant qu'il eût suffi, on peut dire que l'Asie a bien changé ; & ce n'est pas depuis que les Tartares européens en ont ravagé les côtes : ce n'est pas même depuis les conquêtes vraies ou fausses de Semiramis, & la course d'Alexandre dans l'Inde ; c'est depuis un tems qui date, au moins, de la fondation des empires de la Chine & de Babylone. Si l'on veut supposer qu'il y avait, antérieurement à cette époque, un état de civilisation & d'union, qui annonce des peuples anciens, policés, & sur-tout éclairés, il faudra convenir que cet ancien état est détruit, que tout ce qui reste aujourd'hui n'en offre que les débris, & c'est m'accorder précisément ce que je demande.

Je suis avec respect, &c.

SIXIEME LETTRE
A M. DE VOLTAIRE.

Ces conformités ne tiennent point essentiellement à la nature, elles naissent d'une identité d'origine entre tous les anciens peuples, & sont les restes des institutions d'un peuple plus ancien.

Paris ce 9 Septembre 1776.

Si les conformités des nations de l'Asie ne sont pas le produit de la communication, penserons-nous, Monsieur, que ces institutions tiennent si essentiellement à la nature humaine, que les hommes séparés ont dû nécessairement y parvenir, en développant leurs facultés, par le progrès nécessaire des choses & des connaissances ? C'est une question qui mérite bien l'examen.

On dit que tous les hommes se ressemblent, qu'ils sont paitris du même limon. Cela veut dire que partout ils font menteurs, vindicatifs, intéressés, fripons, & partout susceptibles de compassion, de cette affection douce & paisible, qui, mêlant quelque bien à tant de maux, est le germe de toutes les vertus. Dira-t-on qu'ils se ressemblent par l'imagination, sur laquelle le sol, l'air & la nature locale ont tant d'influence, l'imagination toujours libre, toujours différente d'elle-même ? Elle a devant les yeux les richesses de la physique : ses productions ne sont que la combinaison des faits de l'expérience; & comme la nature est partout variée, partout inépuisable, comme les faits sont sans nombre, les combinaisons sont infinies. Lorsque les faits sont liés par une dépendance réciproque, lorsqu'ils se suivent dans un ordre nécessaire, qui résulte des loix éternelles & connues, cette dépendance, cet ordre, constituent une science & des vérités immuables. L'esprit qui les découvre, est celui d'invention. Mais lorsque la nature présente & combine ces faits par des regles & des loix plus cachées, & suivant ce que nous appelons hasard, l'esprit peut se permettre des combinaisons arbitraires. Ce sont les tableaux mensongers des arts agréables : c'est l'ouvrage de l'imagination. Les Traditions embellies par des emblêmes & par des prodiges, les fables allégoriques, les institutions qui dérivent de ces fables, les fêtes de reconnaissance & d'expiations, tous ces tableaux & ces pœmes des premiers âges, sont encore les fruits de l'imagination. La nature y est imitée plus ou moins fidellement, mais toujours avec une sorte de liberté & de caprice. Une liberté qui permet les écarts, exclud les ressemblances. Les hommes n'ont de point commun que la vérité : ils ne peuvent se ressembler que par la raison, qui distingue leur espece, qui éleve & annoblit leur existence, & qui est partout la même, lorsqu'elle est également développée.

Mais l'âge, le pouvoir du climat, l'éducation, travaillent & modifient bien différemment ce fond inaltérable. L'âge d'un peuple ne doit se compter que par l'instruction. Les plus anciens ont presque tous inutilement vieilli pour les progrès de la raison. Un homme plongé dans un sommeil léthargique, depuis son enfance jusqu'à la vieillesse, aurait blanchi sans s'éclairer, il se réveillerait enfant. Ce n'est pas assez qu'une nation soit ancienne, il faut que le tems de sa durée, ou de sa vie, ait été employé, il faut que les esprits se soient tournés vers les sciences, que ces sciences ayent fait des progrès simultanés ; marque infaillible d'une nation qui s'éclaire elle-même. Nous dirons qu'elle a atteint l'âge de la raison, si ses vues se dirigent seulement sur ce qui est bon & utile ; sur-tout si elle est revenue des conquêtes & des guerres d'ambition, qui ne font que des jeux d'enfans ; jeux fanguinaires, comme ceux de l'enfance, qui eft toujours cruelle : jeux inutiles & frivoles, comme fes occupations, où elle n'agit que pour agir (*a*). Le véritable bonheur & la fortune folide pour les peuples comme pour les hommes, c'eft de cultiver en paix fon champ, & d'y vivre vertueux & tranquille.

Comme je ne me propofe pas, Monfieur, de toujours médire des Orientaux, je me plais à reconnaître que les Chinois ont atteint ce dernier terme de la fageffe humaine. Mais ils font parvenus à l'âge de la raifon, fans avoir paffé par celui du génie. Hommes faits

―――――――――――――

(*a*) On n'a pu corriger les peuples & les Princes par tant de déclamations fur les maux de la guerre ; on aurait peut-être mieux réuffi, en leur faifant honte de ne paraître fur la terre que pour élever & détruire des châteaux de cartes. L'ouvrage de l'ambition eft renverfé par l'ambition. Une nation accroît fa puiffance par le commerce, elle s'aggrandit par des colonies, qui finiffent par fe féparer, & elle revient au terme d'où elle était partie, épuifée par l'effort d'acquérir & de conferver, & ruinée par fa grandeur même.

pour la morale, ils sont enfans pour les sciences. Ici l'on reconnaît l'influence des climats : elle a donné à ce peuple la même indolence pour les découvertes que pour les conquêtes. Si les Chinois ont avancé la morale, c'est que l'étude en est tranquille ; c'est que le sujet de cette étude est sous les yeux de l'homme; toujours dans lui, toujours autour de lui. Les sciences y sont restées stériles, parce qu'elles demandaient aux Chinois du mouvement, du génie & une activité que le climat leur refuse. Chez eux, les effets du tems & de l'âge ont été empêchés par le pouvoir du climat.

Mais de toutes les causes de progrès, la plus puissante, sans doute, est l'éducation sociale Elle dépend des deux premieres, en ce qu'elle est relative à l'attention suivie du même peuple pour les sciences, & à l'activité que la nature a permise à ses recherches. Cette éducation est le nombre des idées acquises, que l'on remet à la jeunesse pour les étendre ; ce font les fonds d'un négociant, qui doivent s'accroître par le travail & par les années. Dans ce métier, le petit-fils, aussi sage, est plus riche que son aïeul ; dans les sciences, la troisieme génération, élevée par les deux premieres, avec autant de génie, s'enrichit de plus de découvertes.

Les Chinois, je les cite comme les plus éclairés des peuples de l'Asie, les Chinois n'ont qu'une instruction constante. La génération nouvelle n'en fait pas plus que la derniere : les connaissances ne s'accroissent pas entre leurs mains, & le tems s'écoule inutilement pour eux. On ne peut donc pas dire que tous les hommes se ressemblent; car le peuple qui vit dans cette indolence & dans cette inertie, ne ressemble point à ceux qui ont produit Descartes & Newton. Les hommes, les esprits des différens siecles, ne se ressemblent pas davantage. L'espece humaine est sur la terre un grand individu, dont la vie a une durée inconnue, mais très-longue ; le tems de son éducation doit être proportionné. Cette éducation coûte à la nature ; il faut qu'elle s'y reprenne à plusieurs fois, avec des repos de plusieurs siecles. Je ne citerai en exemple que l'astronomie. Les études commencées il y a plus de six mille ans, ont été suivies à Babylone; on les a recommencées à Alexandrie. Interrompues par un long regne de la barbarie, elles ont été reprises en Europe. Qui sait combien de nations nous succéderont, pour achever une instruction si lente ?

Dans le cours de cette longue éducation, chaque période a l'instruction, les idées qui lui sont propres, les découvertes qui lui sont permises. La nature a imprimé aux choses qui se succedent, un ordre inaltérable. Toutes les vérités sont enchaînées, nous passons successivement de l'une à l'autre ; & si le génie paraît s'élancer, c'est pour les

vues

vues ordinaires qui n'apperçoivent pas les liaisons. M. de Buffon a observé que les mêmes plantes, les mêmes animaux, croissent & vivent sous les mêmes latitudes. L'équateur a le plus haut degré de la chaleur qui regle la vie. Cette chaleur diminue & nuance les productions de la terre, depuis les climats toujours habités du soleil, jusqu'au pôle que cet astre n'apperçoit que de loin, & seulement une fois l'année. Il est de même différens degrés de maturité des connaissances, depuis le premier pas de l'esprit humain, jusqu'au terme où le génie aura développé tout ce qui est dans sa sphere. Nous marchons depuis cinquante siecles, nous n'avons pas encore apperçu les confins de cette sphere. Sans doute, si dans la durée du tems il a été donné à deux peuples de parcourir le même intervalle, ces deux peuples, parvenus au même terme, auraient pu atteindre séparément les mêmes vérités. Mais ce qui caractérise les plantes, les animaux du climat, c'est le pouvoir de renouveler leur espece. Quand je verrai dans la ménagerie de Versailles un éléphant qui ne produit pas, j'en conclurai que c'est un animal étranger, né sous un ciel plus chaud. Quand je trouverai chez un peuple une connaissance qui n'aura été précédée d'aucun germe, ni suivie d'aucuns fruits, je dirai que cette connaissance a été transplantée, & qu'elle appartient à une nation plus avancée & plus mûre.

C'est cette remarque importante, Monsieur, qui m'a démontré que les peuples de l'Asie ont été dépositaires, & non pas inventeurs. Plusieurs considérations se joindront ici, pour appuyer cette conclusion légitime. Supposons que quelque révolution détruise un jour l'état de civilisation & de lumiere, qui existe aujourd'hui dans l'Europe; les bibliotheques ont péri, il ne reste de notre histoire & de nos sciences que des fragmens & des lambeaux semblables à ceux de l'antiquité. Supposons qu'après un grand nombre de siecles, un savant Jurisconsulte voulût étudier les loix de l'Europe dans ces fragmens, il verrait avec étonnement un certain nombre de loix semblables chez les Italiens, les Français, les Allemands, &c. Ce Jurisconsulte, pourvu qu'on le suppose aussi philosophe qu'érudit, ne trouvera point la source de cette ressemblance dans la nature de l'homme, constant dans ses appétits, uniforme dans ses goûts, mais infiniment variable dans ses opinions, ses jugemens & ses institutions. Il saura par l'histoire, que ces nations habitaient des pays différens, avaient des maîtres particuliers, que les unes étaient plus libres que les autres, que toutes étaient rivales : & si quelqu'un ose lui dire que ces loix ont été communiquées, le philosophe demandera par quel charme on a endormi la jalousie nationale ; par quelle puissance on a maîtrisé les esprits, au point que plusieurs peuples se soient soumis aux loix d'un peuple étranger. Cette adoption d'un système de loix ne peut être volontaire, elle est la suite de l'asservissement. Le philosophe conclura de ces rapprochemens, que les peuples de l'Europe ont été primitivement asservis à un peuple, qui est l'auteur de ces loix ; que ces peuples, par des efforts réitérés & semblables, ont renversé le colosse qui les écrasait, &, en se formant en corps de nation libre, n'ont conservé de leur ancien joug que celui des loix, auquel l'habitude les avait accoutumés. Les conjectures que j'ose proposer, ne sont pas moins fondées que les conjectures de ce philosophe. Dans deux mille ans, celles ci ne seront peut-être que vraisemblables, on pourra les regarder comme un système ; aujourd'hui, elles sont une vérité. Le peuple, auteur de ces loix, pareilles chez les différentes nations de l'Europe, est le peuple Romain, dont l'influence a survécu à sa ruine, & dont le génie vit encore dans notre jurisprudence. Mais si ce philosophe a eu raison de conclure que ce système de loix était l'ouvrage d'un peuple unique, que différentes nations qui avaient adopté ce système, ne pouvaient être que les débris de l'empire de ce peuple, les opinions de philosophie & les vérités des sciences, qui sont d'une nature différente, semblent rendre ma conclusion encore plus juste. Il est aisé de soumettre physiquement les hommes ; le droit de conquête leur impose le frein des loix ; les esprits gardent toute leur liberté. Maîtres de nos pensées, nous conservons le droit de rejeter les opinions qui nous déplaisent, & souvent on ne s'en est que trop servi contre la vérité. Un système de loix prouve l'unité d'invention ; l'adoption plus ou moins étendue de ce système est en raison du pouvoir législatif ;

mais un système de vérités physiques ou mathématiques, un corps de principes ; indépendamment de ce qu'il prouve l'unité d'invention, n'est pas susceptible d'une adoption si facile & si étendue. Il faut une communication libre & fréquente ; il faut une disposition des esprits, que les peuples tiennent de leur climat & de leur âge; & lorsque ces circonstances concourent, il faut encore beaucoup de tems.

L'Amérique offrira un jour le tableau que nous venons de tracer. Les naturels secoueront le joug, les colonies se sépareront : il se formera des peuples nouveaux & des états indépendans. Cependant quelques-unes de nos institutions y subsisteront ; des usages portés de l'Europe, y seront communs à différens peuples, des connaissances de physique & d'astronomie s'y conserveront. Ces connaissances, trop avancées pour des nations naissantes, ou pour celles qui seront indolentes & sans génie, étonneront celui qui les pesera dans la balance de la philosophie. Pourrait-on avoir tort de conclure alors que ces institutions, ces usages appartiennent à un peuple antérieur ? L'Europe sera peut-être aussi inconnue dans l'avenir, que le peuple dont je vous entretiens aujourd'hui.

Les mesures dont je vous ai développé le système, Monsieur, me paraissent une preuve très-forte de l'existence de ce peuple antérieur. On cherche depuis long-tems, sans avoir pu y réussir, les moyens d'établir en France une mesure uniforme. Combien ne faudrait-il pas de siecles, pour que cette mesure devînt commune à l'Europe entiere ! Quelle supériorité n'aurait pas le peuple de qui les autres recevraient cette mesure ! Et même, en pesant bien la nature des esprits & les rivalités des nations, je n'imagine pas de circonstances assez favorables, de charme assez fort, pour que tant de peuples confentent à recevoir ainfi la loi d'un peuple étranger.

J'ai obfervé avec deffein, Monfieur, que les traces confervées de l'aftronomie remontent, chez les différens peuples de l'Afie, à trois mille ans avant notre ère. L'identité de cette époque eft très-remarquable. Nous avons vu que Fohi vint polir les Chinois, & fonda fon empire en 2952. Diemfchid, étranger à la Perfe, comme Fohi l'était à la Chine, commença le fien en 3209. Les tables aftronomiques des Indiens, qui paraiffent établies fur une époque chronologique, remontent auffi à l'an 3101. Ces tables appartiennent aux Brames, qui apporterent alors dans l'Inde & leur langue & leurs fciences. D'où partaient donc tous ces étrangers qui vinrent prefqu'à la fois éclairer la Chine, l'Inde & la Perfe ? N'eft-il pas naturel de conclure qu'ils étaient fortis du même pays, avec différens degrés d'inftruction & de lumieres? Je conviendrai, si vous voulez, qu'ils sortaient de trois pays différens, pourvu que vous m'accordiez que ces trois pays étaient habités par des peuples antérieurs, qui furent la source de ces lumieres. Je parle d'un seul peuple, pour former une conclusion plus simple. Mais je ne m'éloignerais pas de croire que ce peuple, semblable à celui de l'Europe, était composé de plusieurs nations, qui avaient des langues particulieres, & qui étaient différemment éclairées.

Si l'on peut adopter la conjecture formée avant moi par les voyageurs instruits qui ont parcouru l'Asie, que le *Xaca* des Japonais, le *Sommona-rhutana* du Pégu, le *Sommona-kodom* de Siam, le *Butta* des Indiens, ne sont qu'un seul & même personnage, regardé ici comme un Dieu, là comme un législateur : si on joint à cette conjecture celle que je vous ai proposée, & qui assimile ce *Sommona-kodom* au *Tien* des Chinois, & au Ciel incréé des Persans : si j'ai bien prouvé que *Butta*, *Thoth* & *Mercure* (a) ne sont également que le même inventeur des sciences & des arts ; il s'ensuivra que toutes les nations de l'Asie, anciennes & modernes, n'ont eu pour la philosophie, & pour la religion, qu'un seul & même législateur placé à leur origine. Alors je dirai que ce législateur unique (b) n'a pu aller partout dans l'Asie, ni en même tems, parce que, sans doute, il n'avait pas d'aîles ; ni successivement, parce que la vie d'un homme ne suffirait pas aux voyages & à l'instruction de ce grand continent.

(a) J'ai remarqué que les Brames aimaient à être appelés Paramanes ; M. Gebelin ajoute que Mercure, selon Pausanias, portait le surnom de Paramon. Cette remarque ingénieuse est la preuve complette de ce que j'ai avancé sur l'identité de *Butta* & de *Mercure*, Voyez M. Gebelin, *Préface de l'hist. du calendrier*.

(b) Que ce législateur ait été réellement un bienfaiteur du genre humain, ou un personnage fictif & allégorique, cela ne fait rien à la question présente : il nous suffit que la mémoire de ce bienfaiteur primitif, ou la tradition de cette allégorie, ait été emportée par les différentes colonies, & répandue dans la plus grande partie de l'univers.

Tous les peuples le vénerent, & le voyent au commencement de leur existence, à leur origine, parce que leur origine est commune.

En supposant que dans le grand nombre de ces conformités évidentes, il y en eût quelqu'une qui fût due à la communication des peuples, ou qui appartînt nécessairement à la constitution humaine, il en restera toujours assez pour former un corps de preuves; une seule bien établie, suffirait pour démontrer ma conclusion. Ces conformités mêmes ne seraient point essentielles, elles ne font qu'un surcroît de preuves. L'existence de ce peuple antérieur est prouvée par le tableau des nations de l'Asie ; tableau qui n'offre que des débris, astronomie oubliée, philosophie mêlée à des absurdités, physique dégénérée en fables, religion épurée, mais cachée sous une idolatrie grossiere; partout de l'invention sans progrès, & ce qui est pis encore, c'est la trace de l'esprit humain revenu sur ses pas. Ce coup d'œil suffirait à un Philosophe comme vous, Monsieur, pour lui démontrer l'existence de ce peuple instituteur de tous les autres; & je ne conçois pas, d'ailleurs, ce que cette idée pourrait avoir d'étrange. En voyant la génération présente, je conclus qu'elle suit une génération passée: il me paraît aussi naturel qu'un peuple ait succédé à un autre, & que les Indiens, vos amis, soient les héritiers d'une nation plus puissante & plus éclairée.

Je suis avec respect, &c.

SEPTIEME LETTRE

A M. DE VOLTAIRE.

Cet ancien peuple a eu des sciences perfectionnées, une philosophie sublime & sage.

Paris, ce 12 Septembre 1776.

J'AI dit, Monsieur, que le peuple qui tenait jadis le sceptre des sciences dans l'Asie, était l'auteur de toutes les idées philosophiques qui ont éclairé le monde. J'ai dit qu'il eut des sciences perfectionnées, une philosophie sage & sublime. Cette pensée a paru hardie, & quoique j'aie eu la satisfaction de la voir adoptée assez généralement, elle a trouvé des incrédules. Ce n'est pas vous qui en avez douté : l'histoire du monde & de ses vicissitudes vous est trop présente. Vous savez trop que tout ce qui est possible dans la succession des choses, tout ce qui arrivera dans l'avenir, a pu arriver dans le passé. La philosophie a ses excès & ses contradictions. Tantôt nous voulons que tous les hommes se ressemblent, malgré la différence des tems & des climats : tantôt nous nous croyons seuls capables de certains efforts : la vraie lumiere n'a lui que depuis que nous vivons. On confond les tems anciens, différemment éloignés du berceau du monde; & si on leur fait grace de la stupidité, on n'y voit qu'ignorance & ténebres. Mais l'ignorance est en nous, qui les connaissons mal : les ténebres sont celles de la distance, qui brunit les objets en les rappétissant. L'estime de nous-mêmes nous trompe : nous nous croyons au haut de l'échelle; nous n'y sommes pas: nous croyons également que personne n'y est monté avant nous, parce que le tems, qui fait disparaître les humains, efface aussi leurs traces passageres.

La résistance qu'on peut faire à l'opinion d'un ancien état des sciences perfectionnées, naîtrait-elle d'un sentiment de jalousie ? Notre siecle est trop éclairé, l'Europe voit aujourd'hui l'époque la plus brillante des sciences ; qu'importe à sa gloire, que cette époque ait été précédée de quelqu'autre ? Nos succès mêmes appuient ma conjecture. Vous avouerez, Monsieur, que ce que nous avons fait, on a pu le faire avant nous. Si les écrits immortels du Chantre de la Grece n'existaient plus, M. de Voltaire, après avoir peint les combats & le triomphe du bon Henri, aurait conçu qu'Homere avait pu faire l'Iliade, & mériter sa mémoire.

Quoique mon opinion sur l'ancien état des sciences ne vous ait point déplu, permettez-moi, Monsieur, d'entrer ici dans quelques détails. Ces détails pouvaient paraître étrangers à l'histoire de l'astronomie ; ils auraient excédé les bornes que je m'étais prescrites : mais j'ai dit que les débris de cet ancien état détruit annonçaient une philosophie sublime & sage : je dois ici justifier cette assertion.

Quand on est privé des lumieres de la révélation, peut-on parvenir à une idée plus grande & plus vraie de l'Être suprême, que celle de cette philosophie ? Sublime, parce que, selon cette philosophie, Dieu est unique, présent partout, il a tout créé, il anime tout, il est seul éternel & immuable; parce qu'elle a distingué les trois actes les plus remarquables de la puissance divine ; les actes de créer le monde, de le conserver & de le détruire ; sage, parce qu'elle enseigne en même tems, que Dieu est ineffable, parce qu'elle nous avertit de ne point sonder les profondeurs de son essence. Eh quoi, Monsieur, je ne serai pas bien fondé à penser que ces peuples ont été très-éclairés, quand je trouverai, dans les idées du divin Platon, le respect pour le nombre ternaire, évidemment dérivé des trois actes de la puissance divine ;

l'idée

l'idée de l'unité, sans cesse ajoutée à elle-même, image d'un Dieu, se multipliant dans tous les êtres, & se répétant par sa présence dans tous les points successifs de l'espace.! Quand je verrai Malebranche, philosophe distingué dans le dernier siecle, enseigner que nous voyons tout en Dieu, & parvenir, à force de métaphysique, à l'idée des Indiens, qui disent que le monde n'est qu'une illusion, n'offrant, dans tout ce qui paraît à nos yeux, qu'une chose réelle, mais unique, l'existence de Dieu : sans doute ces idées elles-mêmes ne sont que des visions ; mais enfin Platon s'annonce par la profondeur & par l'éloquence ; Malebranche déploie les richesses de l'esprit & de l'imagination. Là où je verrai Platon & Malebranche réunis, je ne pourrai m'empêcher de placer la profondeur, la subtilité & le génie.

Si ces idées métaphysiques des Orientaux ont enfin dégénéré dans un pur matérialisme, c'est peut-être le sort de l'esprit humain abandonné à lui-même & sans guide. Incertain du terme où il doit s'arrêter, il s'élève de la matiere à l'Être suprême, placé au haut du cercle de ses connaissances ; & cette erreur se trouve à son passage, en redescendant vers la nature. On doit plaindre l'Athée de raisonnement, mais ne le pas confondre avec l'homme brute, penché vers la terre, & sans yeux pour son auteur. Ce sont deux hommes, qui tombent dans le même abîme, l'un aveugle, l'autre astrologue ; l'un, parce qu'il ne voit pas, l'autre, parce qu'il veut trop voir ; ou, comme l'image de la cécité convient mieux à l'Athée qu'à tout autre, c'est un aveuglement, qui naît de l'excès de lumiere, pour avoir voulu considérer le soleil, devant lequel on doit baisser les yeux.

Ce matérialisme enchaîne le genre humain au mouvement général de l'univers ; & l'idée que les événemens, les caracteres, les effets & les maux des passions, reviennent avec les périodes du mouvement des astres ; l'astrologie enfin, n'est qu'une application de ce système. Les erreurs de l'antiquité étaient donc savantes & profondes. Je suis donc fondé à croire que l'idée de la circulation de la matiere, & celle de la nature, réduite à deux élémens, n'étaient réellement qu'un seul & même système physique, enveloppé dans les dogmes de la métempsycose & des deux principes. N'oublions pas que la philosophie est le produit de toutes les sciences également cultivées ; & si l'esprit humain est, comme on n'en peut douter, un instrument, qui, loin de s'émousser, s'aiguise par l'usage, la métaphysique en est la pointe la plus fine & la plus subtile. L'usage de la raison dans la philosophie, l'abus de l'esprit dans la métaphysique, supposent & démontrent bien des connaissances préliminaires.

Cet esprit philosophique n'est-il pas l'auteur de l'opinion du retour des comètes ; opinion qui n'a été acquise, ou renouvelée, que lorsque notre astronomie s'est perfectionnée ; de la conjecture qui explique la blancheur de la voie lactée par la multitude des étoiles insensibles ; de la découverte des montagnes de la lune ; de la pensée hardie qui place des habitans dans cette planete, & qui, non contente de cet essor, s'en va peupler tous les mondes lumineux ? Mais de ces découvertes anciennes, la plus étonnante sans doute, pour quiconque voudra réfléchir, est celle du vrai système de l'univers. Comment a-t-on pu la persuader à des hommes, qui voyent marcher le soleil, qui croyent sentir l'immobilité de la terre ? Comment est-elle entrée dans l'esprit humain, toujours conduit & trompé par les yeux ? Ces idées ne sont pas l'ouvrage des Grecs, d'un peuple qui n'aurait pas su régler son année sans les secours empruntés de Chaldée & d'Egypte. Elles supposent toutes des expériences qu'il n'a point faites. Il faut des essais, dés systêmes détruits, pour faire place à d'autres systêmes. Combien de ces systêmes s'abîment dans la mer du tems, pour ne jamais reparaître! Combien les siecles de lumieres en laissent-ils passer à la postérité! Ces vérités, ces idées philosophiques, qui étaient à l'épreuve du tems, qui regnent encore sur la terre, tiennent cet empire du génie qui les a produites, de l'examen qu'elles ont subi au plus grand jour; elles ne peuvent donc être nées que dans un siecle très-éclairé, très-remarquable par la culture des sciences & par la philosophie qui naît de cette culture.

Ces considérations, Monsieur, m'ont confirmé dans l'idée que m'avait donnée le tableau de l'astronomie orientale. Mais en même tems, la réunion de tant de connaissances astronomiques, également anciennes, le spectacle de ces débris, qui attestent l'antique existence d'un grand édifice, portent, j'ose le dire, ces probabilités jusqu'à la démonstration. En effet, le zodiaque n'a pu être divisé que par une nation savante. Il y a de la recherche dans cette division. Les douze signes sont subdivisés, d'abord en trois, ensuite en neuf parties chez les Egyptiens (*a*). Les vingt-huit constellations du zodiaque sont aussi partagées en quatre plus petites chez les Indiens (*b*). Cette division est plus ancienne que les Indiens & les Egyptiens ; mais quand elle ne serait pas d'une antiquité plus reculée, l'accord des subdivisions qui donnent également cent huit petites constellations, suffirait pour la placer à l'origine commune des deux nations. Le jour ajouté jadis en Asie tous les quatre ans, comme nous le faisons en Europe depuis Jules

---

(*a*) Hist. de l'astr. anc. éclairc. Liv. IX, §. 14.
(*b*) *Ibid.*

César, dans nos années biffextiles; la période de dix-neuf ans, que nous avons jugée digne d'être confervée dans notre calendrier; la période de fix cens ans, célébrée par Dominique Caffini, toutes ces inventions n'atteftent-elles pas une connaiffance fuffifante des mouvemens de la lune & du foleil ? La longueur de l'année que ces périodes fuppofent, eft très-près de l'exactitude; mais quand elle aurait été en erreur de deux à trois minutes, Hipparque, le pere de l'aftronomie moderne, a ajouté quatre minutes à cette erreur. Pour la corriger, pour connaître la vraie durée de la révolution folaire, il a fallu attendre les jours de Dominique Caffini; il a fallu un intervalle de dix-neuf cens ans, & deux grands hommes à chaque extrémité. Ces belles & difficiles inftitutions n'ont point été faites dans des âges d'ignorance. C'eft le fruit du génie, c'eft le travail d'un fiecle éclairé, dont les lumieres font effacées par le tems interposé, comme les objets par la masse de l'atmosphere.

Je vous rappelerai, dans la lettre suivante, les raisons qui me font attribuer à ce siecle, la découverte du mouvement par lequel les étoiles semblent avancer lentement le long de l'écliptique ; mais cette découverte n'est pas plus étonnante que l'établissement de ces périodes, que la détermination précise du mouvement solaire. Hipparque le connaissait mal; il a cependant apperçu le mouvement des étoiles. Ce qui semble le plus paradoxal, c'est la mesure de la terre attribuée à ce même peuple, avec une exactitude à laquelle nos modernes n'ont pu ajouter que très-peu de chose. Mais, Monsieur, si, comme je le crois, j'ai montré, avec la plus grande évidence, ces trois choses, 1°. que les anciennes déterminations de la terre, à l'exception de celle d'Eratosthenes, ne sont que les copies d'un seul original ; 2°. que cet original renferme une assez grande précision ; 3°. qu'il ne peut avoir appartenu à aucun des peuples connus dans l'antiquité ; il faut bien le donner à celui dont la mémoire s'est conservée dans les restes de son astronomie. Si vous consultez les astronômes, ils vous diront que ces trois connaissances sont également difficiles. Elles sont liées, les unes supposent les autres ; & comme elles n'exigent que les mêmes efforts, les mêmes instrumens, le même génie, il est naturel qu'elles appartiennent aux mêmes siecles. Alors, comme elles ont chacune un grand degré de probabilité, ces degrés s'accumulent, augmentent en même raison l'évidence, & deviennent par leur réunion, la preuve complette de l'existence d'un grand peuple, possesseur d'une science approfondie. Cette opinion vous paraît très-probable, Monsieur ; j'ose espérer qu'elle deviendra une vérité reconnue, & je crois avoir découvert un grand fait dont la connaissance doit influer sur l'étude de l'antiquité.

Un censeur me dira peut-être : qu'importent la marche de la lumiere, & la connaissance du peuple qui a éclairé les autres ? Mais je le traduirai à votre tribunal, & je lui demanderai devant vous ce qu'a de plus curieux, de plus attachant, l'histoire des peuples en général. En exceptant l'histoire de mon pays, qui a un intérêt de plus, celui de la vanité nationale, toutes les autres me sont étrangeres, ennuyeuses par leurs ressemblances ; c'est une suite de tragédies dont les caracteres sont les mêmes, & les dénouemens semblables. Comment, moi, Français, je lirai avec intérêt l'histoire de Rome qui n'est plus ; je serai curieux de voir dans un pays les orages de la liberté, dans un autre les excès du despotisme, & je resterai insensible à l'histoire des sciences, à la suite des opérations & des progrès de l'esprit, qui est la partie la plus précieuse de mon être ! C'est cependant mon histoire, puisque c'est celle de l'homme. Pourquoi ceux qui, dans les différens siecles, sont nés pour être supérieurs, n'ont-ils pas eu les mêmes idées, n'ont-ils pas atteint les mêmes vérités ? Je suis aujourd'hui plus élevé par les connaissances, que bien des hommes célebres ne l'ont été jadis par le génie. C'est mon siecle, élevé par eux-mêmes, qui m'a placé au-dessus d'eux. Je jouirai de cet avantage, en ignorant par quels degrés la substance qui pense en moi, s'est perfectionnée ! On suit avec plaisir Montesquieu, lorsqu'il développe les causes de la grandeur des Romains; & je ne serai point curieux d'apprendre par quel développement de ses facultés, l'esprit humain a acquis cette hauteur, à laquelle je participe par le hasard de ma naissance ! Mais la fortune des Romains est imposante par le caractere de grandeur, de courage, de vertu, qui leur fut propre,

& sur-tout par leur influence sur l'univers presque entier, qu'ils s'étaient assujetti. Qu'y a-t-il donc de plus imposant que la masse des connaissances & des découvertes de l'esprit humain, que la suite des efforts & des ressources qu'il a employés ? Pour un être faible, borné, placé sur un globe aussi borné que lui, qu'y a-t-il de plus grand, d'un côté par l'importance de l'objet, de l'autre par la petitesse apparente des moyens, que l'entreprise de s'assujettir l'univers physique; l'univers dont l'étendue se refuse à nos sens, & ne se manifeste qu'à la pensée ? Que présentent donc de plus vaste les conquêtes des Romains ? L'édifice de leur grandeur est-il plus étonnant que celui des connaissances humaines ? Les Romains n'ont conquis qu'une partie d'un monde l'esprit humain les a conquis tous; ces mondes sont les différentes provinces de l'univers. Des provinces que parcourent le soleil & la lune, il a passé à celles des planetes plus élevées : les satellites, découverts depuis, ont subi la loi du vainqueur : il a forcé les comètes, à leur passage, de payer le tribut, & il a joint l'étendue de leur cours à celle de ses domaines. Ces conquêtes n'ont point coûté de sang, ni de pleurs, à l'humanité; au contraire, l'humanité s'est aggrandie avec elles. L'ordre de ces conquêtes, l'établissement de cet empire, ne peut-il donc exciter aucun intérêt ?

Mais si l'homme est curieux de nombrer les tréfors amassés devant lui, de connaître par ses richesses ce qu'il vaut lui-même, qu'importe que ces richesses soient dûes à tel ou tel peuple ? & qu'a-t-on besoin de savoir si les Chinois & les Indiens ont été précédés par un peuple plus éclairé qu'eux ? Comment, Monsieur, on comptera pour beaucoup la connaissance des révolutions politiques, & la marche de la lumiere sera indifférente ? On ne manquera pas

d'apprendre aux jeunes gens la fucceffion des empires détruits, des Rois
prefqu'oubliés, & il ne fera pas utile
de leur faire fuivre la trace de nos
fciences dans l'Afie, avant d'arriver
dans l'Egypte, dans la Grece, & par
elle dans l'Europe? Il ne fera pas curieux de difcuter fi les peuples connus
font les premiers éclairés ? & ce n'eft
pas une révolution digne de remarque,
que celle qui a plongé le genre humain
dans la barbarie, après le regne de la
philofophie & des fciences ? La marche
de l'efprit, développé par l'exercice de
fes facultés, puis arrêté, engourdi &
précipité dans l'ignorance, renaiffant
enfuite à la lumiere par la fucceffion de
fes travaux ; cette hiftoire de l'homme
me plaît. La force fe mefure par les
obftacles, les pertes réparées m'annoncent plus de génie. Une continuité d'efforts me cauferait moins d'admiration.
Le foleil n'eft jamais plus majeftueux
que lorfque fes rayons s'élancent du

milieu des nuages qu'ils diffipent. J'admire le genre humain, fur-tout lorfqu'il fe réveille ; j'aime à voir fon induftrie, luttant fans ceffe contre la barbarie, tantôt cédant au poids d'une maffe qui l'écrafe, tantôt débarraffée par fes efforts, & remontant par fon élafticité.

Le cenfeur fera feul de fon avis ; vous ferez pour moi, vous, Monfieur, qui le premier avez compté l'efprit humain pour quelque chofe dans l'hiftoire des hommes. Nous détournerons nos regards de ces annales triftement monotones des paffions & des vices ; nous repoferons notre vue fur les effais de la raifon, fur le développement de fes forces, & nous conclurons que la route paifible de la lumiere eft plus intéreffante que les traces des conquérans.

Je fuis avec refpect, &c.

HUITIEME LETTRE
A M. DE VOLTAIRE.

Cet ancien peuple paraît avoir habité dans l'Asie, vers le parallèle de 49°. Il semble que la lumiere des sciences & la population se soient étendues sur la terre du nord au midi.

A Paris le 14 Septembre 1776.

Si j'ai reſſuſcité la mémoire du peuple antérieur, ſi j'ai rappelé l'idée de ſon exiſtence, je crois avoir montré une vérité. Paſſons, Monſieur, à une opinion que j'ai annoncée, ſeulement comme très-probable ; c'eſt celle des ſciences deſcendues du nord dans la partie méridionale de l'Aſie. Je n'ai point été chercher cette lumiere au pays des Aurores boréales : j'ai trouvé des faits, qui m'ont perſuadé qu'elle avait pu luire, d'abord ſous le parallèle de de 49 ou 50°; j'ai pensé que ce climat était peut-être l'habitation du peuple détruit, dont les connaissances ont passé à ses successeurs. Cette idée est-elle donc si étrange ? Il existe encore en Europe des pays méridionaux, où les sciences sont peu cultivées ; si elles y font des progrès un jour, la lumiere sera descendue du nord. Ce qui est possible & naturel en Europe, serait-il donc ridicule en Asie ?

Cette opinion a contr'elle un préjugé reçu, une idée établie depuis des siecles, & c'est beaucoup. On croit, & on a toujours cru, que la terre a été peuplée, éclairée, du midi au nord. Je vais plus loin, on a dû le croire. Il était naturel de penser que les premiers hommes avaient choisi leur habitation dans les plus beaux climats ; il était naturel d'imaginer que les sciences, & sur-tout l'astronomie, étaient nées dans ces beaux climats & dans la sérénité de leurs nuits. Mais, Monsieur, ce qui

P

paraît le plus naturel, n'est pas toujours vrai. Comment naissent les préjugés ? C'est d'une apparence non approfondie ; c'est d'un premier coup d'œil, jeté en passant, à la surface des choses ; la vérité est sous cette surface: lorsqu'elle se montre, elle est méconnue, elle est dédaignée par le préjugé, qui a usurpé sa place. N'était-il pas sensible que le soleil faisait sa révolution autour de la terre dans une année? n'était-il pas sensible encore que cet astre, les étoiles qui paraissaient après lui, faisaient le tour de notre globe en vingt-quatre heures, & se levaient à l'Orient, pour éclairer nos jours & nos nuits? Cette idée était si naturelle, qu'elle a été la croyance de bien des siecles. Elle n'était cependant pas vraie, & nous tournions tous les ans & tous les jours, pendant que nous expliquions assez mal les mouvemens de ces astres immobiles.

Avouons-le, Monsieur, le premier

regard de l'homme.le trompe presque toujours ; & si l'opinion, que ce regard fait naître, est assez vraisemblable, pour avoir été peu examinée, pour n'avoir jamais été contredite, lorsque le tems de l'examen sera venu, cette opinion se trouvera presque toujours fausse. Ces réflexions ne me font pas affirmer que l'opinion opposée à la mienne, soit dans ce cas, mais elles permettent d'élever quelques doutes. On a dit : l'homme fut libre dans son choix ; il était maître de la terre ; encore presque déserte ; il a dû choisir sa demeure dans les pays chauds & fertiles. Je sais qu'en prenant possession d'une maison, on se loge dans l'appartement le plus commode : mais les hommes n'ont pas été si libres que nous le supposons ; ils sont nés sous le ciel où la nature, où la main de Dieu les a placés. Ce ciel fut toujours beau, cette patrie toujours chere ; & lorsque la population força de s'étendre, on ne la quitta qu'avec des regrets qui ont donné naissance à la fable de l'âge d'or. Je conçois comment les hommes ont pu descendre des montagnes de la Tartarie, quitter l'âpreté & la froidure de ces climats, pour respirer des influences plus bénignes, pour habiter les riches plaines de l'Inde. Des terrasses, où l'on dort si bien sous le pavillon du ciel, valent mieux que des cabanes entourées de neige & remplies de fumée. Ces douceurs nouvelles ont affaibli le regret & le souvenir de la patrie. Mais je n'entends pas trop comment la population a pu s'étendre dans un ordre contraire. L'hiver me fait assez de peine après un bel été ; si j'étais né dans la température d'un soleil presque toujours à plomb, je ne pourrais me résoudre à aller chercher sur des montagnes, des étés si courts & des hivers si rudes. Qu'aurait dit la jeunesse destinée à ces colonies, s'il eût fallu quitter des moissons abondantes sans travail, pour une terre glacée, qui se refuse à la culture, prendre des fourrures, au lieu d'aller à demi-nue, & se résoudre à une vie errante & active, après le repos & la molesse de ses premieres années. Je n'oserais proposer aux Provençaux d'aller s'établir à Pétersbourg. Je n'imagine pas que les habitans de Bologne & de Florence se transportent jamais vers les *glaciers* de la Suisse, à moins que ce ne soit pour vous entendre. Mais ce sont les Suisses, qui, volontiers, descendraient dans l'Italie, si on les laissait faire. Les Gaulois voulaient jadis troquer leur patrie contre celle des Romains, ou les exterminer pour avoir plutôt fait. On ne propose un troc que pour gagner, on ne change que pour être mieux; & si la jeunesse bannie, s'était trouvée trop mal partagée, j'ai peine à croire qu'elle ne fût pas revenue dans sa patrie. On se serait égorgé, & la destruction se fût opérée, comme de nos jours, avec assez d'économie,

P iij

pour ne laisser au pays que le nombre d'habitans qu'il pouvait nourrir. Cette maniere de procéder n'eût pas beaucoup avancé la population, & les beaux pays seraient restés les seuls habités. Mais, en admettant que cette population a commencé vers le nord, on conçoit que, semblables aux eaux qui s'amassent sur les montagnes, & que leur poids sollicite à descendre, les hommes, forcés par le besoin de vivre, attirés par la chaleur, ont quitté les latitudes élevées, pour vivifier de leur présence & de leur industrie les contrées voisines de l'équateur.

Je ne sais si je me trompe, vous m'éclairerez, Monsieur; ces idées ne sont-elles pas plus justes que tout ce que suppose l'ancienne marche de la population ? L'histoire n'en dit rien, cela doit être. Lorsqu'elle a été écrite, les émigrations étaient finies, la population avait pris une espece de niveau, la terre était peuplée. L'histoire ne commence qu'avec les cités ; elle parle du séjour des hommes, & non de leurs voyages. Les traces de ces voyages ont été cependant conservées dans la tradition. L'histoire même en indique quelque chose dans ce qu'elle dit des tems fabuleux. La fable de l'âge d'or est la tradition d'un voyage & d'un premier séjour, regretté dans un nouvel établissement. La marche naturelle, que je viens de mettre sous vos yeux, Monsieur, est prouvée par les faits. On ne connaît presque d'irruptions que celles des peuples du nord (a). Il ne serait pas difficile de prouver, que la plupart des peuples de l'Europe sont les restes de

---

(a) On trouve au Malabar l'usage des épreuves par le feu, précisément semblables à celles qui existaient en Europe il n'y a pas long-tems. (*hist. gén. des voy.* T. XLIII, p. 306.) Ce sont les Gots qui les ont apportées ; les Gots, qui avec les Huns, les Vandales, ont si long-tems ravagé l'Europe. Les Teutons, les Getes, étaient descendus du nord avant eux : ces Getes établis près du Danube, Scythes d'origine, suivant M. Danville, avaient un Pontife, prétendu immortel, comme lo *Dalay Lama* des Tartares ; (*Mém. de l'Acad. des Insc.* T. XXV, pag. 45.)

ces irruptions. Je ne veux pas avancer que la terre n'a pas eu d'autres habitans ; je veux dire seulement que ces hommes, supérieurs par la force & par le courage, ont presque tout envahi, tout dénaturé par leur mélange, tout marqué par leurs institutions (*a*), & que l'esprit des peuples actuels est formé de leurs mœurs modifiées & altérées par le tems, le climat & le gouvernement.

M. Gebelin, dans son ingénieux & profond travail sur la grammaire comparative, a trouvé des racines communes, qui réunissent les langues vivantes de l'Europe aux langues anciennes de l'Asie, débris d'une langue primitive qui fut la source de toutes les autres. M. l'abbé Bannier fait sortir les Atlantes

___

(*a*) M. de Voltaire lui-même a trouvé dans le nord & dans la Tartarie l'origine du gouvernement féodal. Cette vue ingénieuse démontre que le gouvernement de presque tous les peuples de l'Europe, que cette hiérarchie de la noblesse, qui a tant influé sur les mœurs, étaient l'ouvrage des peuples du nord. *Essai sur l'histoire générale.*

de Scythie : M. Mallet y rapporte également l'origine des Danois. L'un & l'autre de ces savans ont remarqué une ressemblance singuliere entre la doctrine des anciens Perses, & celle des Danois & des Celtes (*a*).

D'après ce que nous avons dit sur la difficulté des communications, nous n'imaginerons pas que les Druides aient quitté leurs forêts, il y a deux ou trois mille ans, pour aller à l'école chez les Brames, ou chez les Mages, ni que ceux-ci soient venus faire une visite à nos ancêtres. Il est probable que le monde a été peuplé, ou conquis, par les habitans du nord de l'Asie, qui se sont étendus de toutes parts à l'est, à l'ouest, sur-tout au midi.

Quand je parle du nord de l'Asie, je ne prétends assigner aucun degré de latitude ; j'entends seulement les pays

---

(*a*) M. l'abbé *Bannier* : la Mythologie & les Fables expliquées, T. II, p. 21 & 628.
M. *Mallet*, Introduct. à l'hist. de Danemarck, p. 12.

plus septentrionaux que la Chine, les Indes, la Perse & la Chaldée. Comment ces peuples septentrionaux, qui ont porté si souvent leurs courses dans l'Europe, alors presque inhabitable par ses bois & ses marais, n'auraient-ils point été tentés du midi de l'Asie, qui leur offrait des conquêtes plus riches & plus faciles ? Il est évident que les émigrations ont dû naturellement s'y porter ; elles ne se sont tournées vers l'Europe, que lorsqu'elles trouverent dans l'Asie, déjà peuplée, une résistance qui les força de chercher fortune ailleurs.

Les réflexions que nous avons faites au commencement de cette lettre, Monsieur, sur la marche de la population, les conformités qui attachent tous les peuples à une même origine, rendent cette conclusion nécessaire. D'ailleurs, les probabilités, les traditions concourent à l'appuyer. Les Tartares ont peuplé, douze cens ans avant

J. C., les îles de la mer Orientale, Kempfer remarque que les Japonois & les Tartares ont le même génie belliqueux, la même fermeté d'ame pour méprifer la mort ; & il penfe que pour bien définir un Japonois, il faut le nommer un Tartare poli & civilifé (*a*). La vénération des Indiens & des Chinois pour quelques montagnes de la Tartarie, n'indique-t-elle pas leur premier féjour ? Il y a plus : Mendès Pinto raconte, d'après une chronique chinoife, l'hiftoire d'une Princeffe, nommée *Nanca*, qui jeta les fondemens de la ville de Nankin, à laquelle elle donna fon nom. Cette Princeffe était fortie avec fes trois fils, fix cens trente-neuf ans après le déluge, d'un pays fitué à une latitude boréale de 62° (*b*). Cette tradition a bien l'air d'une fable ; mais quelque fauffe qu'elle foit, elle renferme évidemment l'opinion des Chi-

_____
(*a*) Hift. des voy. Tom. XL, p. 48.
(*b*) *Ibid.* Tom. XXXV, p. 165.

nois sur leur origine. Quand je vous ai parlé des libations en usage à la Chine, je vous ai dit, Monsieur, qu'on se tournait vers le pôle septentrional pour faire les libations en l'honneur des morts. En considérant la vénération de ce peuple pour ses ancêtres, on n'apperçoit qu'une explication naturelle de cet usage; c'est de dire que les Chinois se tournent vers le pays du monde, où ils ont pris naissance, & où leurs ancêtres reposent.

Ces petits faits, par un accord singulier, tendent vers un même point, & se réunissent à mon opinion. Enfin, Monsieur, tous ces peuples de l'Asie ne sont pas indigènes; il faut qu'ils soient venus de quelque part; & puisque Fohi, Diemschid, les Chaldéens, les Brames, étaient étrangers aux différentes contrées, où ils se sont établis, il y a quelque probabilité à croire qu'ils sont sortis du même pays, & que ce pays était la Scythie.

On m'a fait part depuis peu d'une observation singuliere du célebre M. de Linné. Il remarque que plusieurs de nos plantes & de nos légumes (a), inconnus aux anciens, croissent d'eux-mêmes en Sibérie, & n'ont été cultivés en Europe que depuis l'invasion des Gots, qui les ont sans doute apportés avec leur architecture. M. de Linné ajoûte que suivant M. Heinzelmann, le froment & l'orge croissent spontanément dans la Tartarie Moscovite, que les habitans de Sibérie font du pain avec le seigle qui y vient naturellement & sans le semer (b). Cet habile botaniste conclud

---

(a) Tels que le houblon, l'armoise, l'épinard, &c.
(b) *Ita* Heinzelmannus *invenit in campis Baschkirorum triticum æstivum & hordeum distichum sponte crescentia. Secale cereale spontaneum Sibirienses coquunt in panem. Videtur mihi itaque posse concludi Sibiriam fuisse tam, ex quâ fortè omnes post diluvium exivêre mortales, & latè dispersi sunt, quoniam his in regionibus, extra tropicos, primaria inveniuntur alimenta.*
Ce fait se trouve dans une dissertation de M. de Linné, imprimée à Upsal en 1764. J'ignore si elle a été publiée : elle ne l'était pas encore en 1768. Le passage que je rapporte est cité dans un ouvrage imprimé en 1768, & intitulé *Probe Russischer annalen*, de M. Schlœtzer, Professeur à Gœttingue, pag. 45 & 46.

que *la Sibérie peut être le pays d'où les hommes sont sortis après le déluge, pour se disperser dans le reste du monde, puisque cette contrée est la seule qui produise les premiers alimens des hommes civilisés* (a). Jusqu'à cette heure, on n'avait point connu la véritable patrie du blé. Cette plante, si précieuse à l'homme, n'est point une production de nos climats. Elle est donc naturelle à la Tartarie, comme le poivre aux Moluques, & le café à l'Arabie. Mais il s'ensuit qu'elle a dû être apportée par les peuples du nord; l'usage presque universel du froment & du pain, est la trace conservée de la descente de ces peuples dans le reste du monde. Si cet usage ne s'est pas établi dans l'Inde & à la Chine, c'est que les hommes y ont trouvé un aliment également précieux,

___

(a) Ce fait est bien singulier sans doute. Il n'est confirmé par aucun des voyageurs qui ont été en Sibérie. Il me semble que M. Gmelin n'en parle pas; mais il est avancé par M. de Linné, je le cite sur la foi de ce célebre botaniste, & avec la confiance qui lui est dûe.

le riz, qui appartient au climat même, où il donne plusieurs moissons, presque sans culture.

On peut admettre sans peine l'immense population de ce pays, qui a fourni à celle de tous les autres. Jornandès a dit que le nord était la pépinière du genre humain, *officina generis humani*. Cette population d'ailleurs s'est distribuée successivement, & avec le tems, à mesure que les nouvelles générations s'élevaient & surchargeaient le pays. La nature est féconde, elle ne demande qu'à produire, & la population se proportionne d'elle-même à la facilité des subsistances. Aujourd'hui, que les hommes sont, pour ainsi dire, serrés les uns contre les autres, il faut vivre sur son territoire. Malgré l'instinct de la nature, un besoin est commandé par l'autre, & ne produit que les êtres qui peuvent être nourris ; mais lorsque la terre était ouverte, que les habitations pouvaient s'accroître, la nature avait toute fa liberté. Cette population du nord eft prouvée par les irruptions fréquentes, par les armées nombreufes qui ont défolé & envahi l'Europe.

On peut encore appuyer ces faits par une conjecture. Le nître, dont nous faifons un ufage fi meurtrier, eft rare dans nos climats : fa production eft lente & difficile : ce n'eft qu'aux Indes qu'on le trouve en abondance, & tout formé fur la terre. Le Pere Verbieft, voyageant dans la Tartarie, au nord de la grande muraille de la Chine, étonné du froid qui regne dans ces contrées, l'explique d'abord par la hauteur de ces contrées-mêmes ; mais il penfe que le froid peut être augmenté par la grande quantité de nître qu'elles contiennent (*a*). Le nître ne fe forme que dans les habitations des hommes & des animaux ; c'eft dans la nature

---

(*a*) Hift. des voy. Tom. XXV, p. 40, T. XXVII, p. 395.

vivante

vivante qu'il se prépare : c'est dans les détrimens des végétaux, dans les dépouilles de l'homme & de l'animal, que la fermentation le développe & le mûrit. Chez nous, on visite nos demeures les plus antiques, pour le recueillir : on l'épuise à mesure qu'il se produit ; mais dans ces champs de la Tartarie, où l'art de la poudre ne fut point inventé, il a pu se conserver & s'amasser avec le tems ; il s'est conservé de même dans l'Inde, anciennement habitée (a). Ces amas de nître, ou de salpêtre, seraient donc les traces d'une grande population, & des monumens de l'habitation des hommes, comme les bancs de coquillages, & les mines des sels dans l'intérieur de la terre, sont des preuves du séjour de la mer.

Au reste, Monsieur, c'est pour multiplier les probabilités, que j'établis

―――――――――――――――――

(a) *Thevenot* dit que le nître se trouve particuliérement vers *Agra*, dans les villages jadis habités, aujourd'hui déserts. *Voy. la seconde partie de son voyage.*

Q

cette grande population dans les pays du nord, elle ne m'est point nécessaire. Quoiqu'il semble que les hommes, en peuplant la terre, ont dû s'avancer vers le soleil, & non rétrograder vers les pôles, je n'ai pas besoin même de cette supposition, ou plutôt de cette vérité. On est libre de peupler la terre comme on voudra; la route de la population ne marque pas absolument celle de la lumiere. On peut objecter de prétendues vraisemblances, j'oppose des faits. Le premier est appuyé sur les observations du lever des étoiles, observations faites sous le climat de 16 heures, & recueillies par Ptolémée. L'Europe n'avait point alors d'astronômes sous ce climat; ce sont donc des observations faites en Asie & dans la Tartarie même. Le deuxieme est tiré du livre de Zoroastre, où ce philosophe décrivant le pays, la situation des fleuves, des montagnes, la regle du tems, la succession des saisons, dit que le plus long jour d'été est double du plus court jour d'hiver. Ce phénomène caractérise le climat de seize heures ; c'est encore celui de la Tartarie. Il serait bien singulier que Zoroastre, écrivant dans la Perse & pour les Persans, décrivît, sans en avertir, un climat si éloigné de lui, & que sans doute il ne connaissait pas. Ce n'est point une découverte, comme vous avez paru le penser, Monsieur, c'est une observation rapportée d'une maniere très-simple. On ne trouve point la théorie de la sphere chez aucune des nations de l'Asie, ni même chez les Grecs, leurs imitateurs. Les phénomenes de la différente longueur des jours étoient si peu connus, que long-tems après, lorsque Pithéas revint de ses voyages, lorsqu'il raconta qu'il avait vu des pays où le soleil ne se couchait pas en été, on le traita de menteur ; il avait fait l'observation, on n'y crut pas. Il faut nécessairement conclure que Zoroastre avait recueilli des mémoires, dreſſés dans le pays dont nous parlons; ces mémoires contenaient la deſcription du pays & la ſageſſe de ſes habitans. Ainſi la lumiere, dont Zoroaſtre éclaira la Perſe & la Chaldée, était ſortie d'une latitude plus élevée.

Un troiſieme fait ſe joint trop naturellement aux deux premiers, pour ne le pas rapporter ici. Vous ſavez, Monſieur, que l'applatiſſement de la terre fut découvert par la théorie; c'eſt la gloire de Newton; celle des Académiciens Français fut d'avoir été aux deux bouts de la terre conſtater cet applatiſſement par l'expérience. Il en réſulte que les degrés de la terre croiſſent de l'équateur au pôle. Le degré que nous avons meſuré ſous le cercle polaire, ſurpaſſe d'environ ſept cens toiſes celui qui a été déterminé par nous ſous l'équateur. Le degré meſuré aux environs de Paris par M. Picard, eſt moyen entre les deux. Je vous ai parlé précédemment d'une détermination de la circonférence de la terre, rapportée par Aristote, laquelle ne peut avoir été exécutée ni par les Grecs, ni par aucun des anciens peuples connus ; le degré qui résulte de cette détermination est précisément égal, ou du moins avec une légere différence de six toises, à celui qui a été mesuré aux environs de Paris, & qui répond à une latitude de quarante-neuf degrés. Tous ces faits nous ramenent donc à la même conclusion ; ils semblent tous attester que l'ancien peuple qui perfectionna les sciences, le peuple qui jadis exécuta cette grande entreprise de la mesure exacte de la terre, habitait sous le parallèle de quarante-neuf degrés. Si l'esprit humain peut se flatter d'avoir rencontré la vérité, c'est lorsque plusieurs faits, & des faits de différens genres, se réunissent pour présenter le même résultat.

Un fait non moins singulier, c'est

la tradition que les Indiens ont confervée de deux étoiles diamétralement oppofées, qui font leur révolution autour de la terre en cent quarante-quatre ans. Il faut bien que cette tradition ait une origine. Quelle que foit l'ignorance des peuples, ils ne peuvent avoir eu en vue aucune des révolutions des planetes. Quant au mouvement même des étoiles le long de l'écliptique, il a été long-tems inconnu fans doute; mais dès qu'il a été découvert, fa lenteur n'a pas permis de lui attribuer une révoluion fi prompte. De plus, les Indiens n'ont pu fe tromper à ce mouvement qu'ils connaiffent, & qui s'acheve, felon eux, en vingt-quatre mille ans. Il faut donc croire que ces cent quarante-quatre années n'étaient point folaires, & que par ce mot nous devons entendre quelque période plus longue, fuivant l'ufage des anciens, qui avaient un nom générique pour exprimer toute efpece de révolution. Or, on trouve chez les Tartares une période de cent quatre-vingts ans, qu'ils appellent *Van*. Cent quarante-quatre fois cent quatre-vingts ans font précisément vingt-cinq mille neuf cent vingt ans. C'est la véritable révolution des fixes, déduite de nos observations modernes les plus exactes. Le hasard ne peut produire de pareilles ressemblances. D'ailleurs, le mot *Van* n'est point étranger aux Indes; il se retrouve dans la langue de Siam, pour signifier le jour, c'est-à-dire, une révolution (*a*). On peut donc conclure que les Indiens, avant la connaissance qu'ils ont aujourd'hui du mouvement des fixes, en avaient une plus exacte, qui s'est perdue dans l'obscurité de leurs traditions ; que ces traditions appartiennent à leur origine, au pays où la période de cent quatre-vingts ans est encore en usage, au pays d'où

_____

(*a*) Hist. gén des voy. Tom. XXXIV, p. 360.

le mot *Van* a passé dans leur langue.

Voilà quatre grands faits que j'ai présentés ; on les expliquera comme on voudra. Je ne me refuserai à aucune explication naturelle : mais, en attendant que les savans nous l'aient donnée, la conclusion que ces peuples, leurs connaissances, leurs lumieres, sont descendues du nord, me paraît la plus vraisemblable & la plus légitime.

Les pélerinages que les Indiens vont faire à la pagode du grand *Lama*, & dans la Sibérie, m'ont paru, je l'avoue, une nouvelle preuve de cette opinion. Ces promenades de dévotion sont trop longues & trop pénibles, pour n'avoir pas un motif puissant. Je les ai regardées comme un hommage que la religion des Indiens rend au pays où elle est née. Un Indien qui eût vu les Européens se croiser, une foule de Pélerins entreprendre des voyages pénibles pour conquérir, ou pour visiter Jérufalem, aurait conclu que cette ville eft l'origine d'un culte refpectable.

Aux faits que je viens de vous citer, Monfieur, il fe joint des fables, & des fables affez fingulieres pour mériter quelqu'attention. La plus remarquable eft celle du phénix. Cet oifeau, fuivant les idées égyptiennes, eft unique; fon plumage eft or & cramoifi. Il vient du pays des ténebres, pour mourir en Egypte & renaître de fes cendres dans la ville du Soleil, fur l'autel de cette divinité. On ne peut douter que ce Phénix ne foit l'emblême d'une révolution folaire, qui renaît au moment qu'elle expire. Si l'on en doutait, on en trouverait la preuve dans les auteurs, qui donnent à la vie du phénix une durée de quatorze cent foixante-un an (a), c'eft-à-dire, le tems d'une période fothique, d'une révolution

---

(a) *Horus Apollo*, Lib. II, c. 57.

de la grande année solaire des Egyptiens.

On lit dans l'Edda des anciens Suédois, une fable pareille. On y peint un oiseau, dont la tête & la poitrine sont couleur de feu, la queue & les aîles bleu céleste : il vit trois cens jours, après lesquels, suivi de tous les oiseaux de passage, il s'envole en Ethiopie, y fait son nid, & se brûle avec son œuf; les cendres produisent un ver rouge, qui, après avoir recouvré ses aîles & la forme d'oiseau, reprend son vol vers le septentrion. Des savans, en petit nombre, à la vérité, n'ont point trouvé de ressemblance entre le phénix des Egyptiens & l'oiseau de l'Edda ; je ne repousse aucune critique. S'il y a quelques vérités dans mon ouvrage, elles sauront bien se défendre elles-mêmes. Le développement que je trace ici sous vos yeux, Monsieur, servira peut-être à les mettre dans un plus grand jour. C'est vous que j'essaie de convaincre,

& vous ne niez point cette ressemblance : vous croyez seulement que la fable du phénix a pu être inventée dans l'Egypte ; je vous prie d'y réfléchir encore. La renaissance du phénix n'est point une idée naturelle ; nous voyons tous les êtres disparaître autour de nous, sans qu'il soit donné à aucun de reprendre la vie. L'homme a pu envier à quelques animaux une vie plus longue, des forces plus grandes, des sens plus parfaits ; mais était-il en lui de créer exprès un être imaginaire, pour le douer d'un privilége qui n'appartient à aucune des productions de la nature ? Ce privilége n'est donc qu'un emblême. La vraisemblance, les circonstances du récit & le témoignage des auteurs, nous démontrent que cet emblême était celui de la révolution solaire. Alors je demande, Monsieur, comment les Egyptiens ont pu avoir l'idée de la mort & de la renaissance du soleil. Ce n'est point le phénomène de son coucher, qui a pu donner cette idée. Quelle que soit la tristesse des ombres qu'il répand sur la terre, il s'était écoulé bien des jours, les phénomènes s'étaient répétés bien des fois, la tristesse avait été effacée par l'habitude, avant que les hommes eussent pensé à inventer des emblêmes, & à peindre les phénomènes physiques par des fables. L'emblême du phénix n'a point désigné l'année chez les Egyptiens, ou du moins il ne fut pas imaginé chez eux, car le soleil est toujours vivant en Egypte ; il a toujours de la force, qu'il tient de sa hauteur sur l'horison. Il n'en est pas de même dans les climats septentrionaux : le soleil y disparaît tous les ans pour un tems plus ou moins considérable. Cette absence est un tems d'ennui pour les hommes, de langueur pour la nature. Le départ & le retour de cet astre sont une vraie mort, & une vraie renaissance ; de là l'alternative du deuil & de la joie. Les hommes n'ont point dû s'y accoutumer, parce que le phénomène n'arrive que tous les ans. Ils ont peint l'abfence du foleil par celle des oifeaux, qui le fuivent & difparaiffent avec lui. Dans ce langage figuré, l'aftre eft devenu lui-même un oifeau qui leur fert de guide. Les ténebres ont mêlé leur trifteffe à ces idées; la mort & la vie ont été les emblêmes de la nuit & de la lumiere : le foleil, l'oifeau unique, paré des couleurs les plus brillantes, en difparaiffant, allait mourir & renaître dans les contrées du midi, telles que l'Ethiopie. Les Ethiopiens, en admettant cette fable, ont dit au contraire que l'oifeau, qui venait renaître chez eux, partait du pays des ténebres, c'eft-à-dire, des climats où la nuit regne pendant plufieurs mois. Ces deux récits, abfolument femblables, appartiennent donc à une même fable. Cette fable, qui renferme effentiellement l'idée de la perte du foleil, appartient évidemment aux latitudes septentrionales : j'ai donc eu raison de conclure que née dans ces climats, elle est descendue du nord, & a été communiquée à l'Egypte.

La circonstance de vivre trois cens jours, détermine le climat qui a produit cette fable. C'est sous la latitude de 71°. où le soleil est absent tous les ans pendant soixante-cinq jours. La fable de Janus portant le nombre trois cens dans une main, & le nombre soixante-cinq dans l'autre, se rapporte à celle du phénix, ainsi que l'histoire de *Freja*, qui obligée de transiger avec son mari sur des infidélités habituelles, lui permet de s'absenter de son lit pendant soixante-cinq jours, pourvu qu'il soit fidelle au devoir conjugal pendant les trois cens autres jours. Peut-on douter que cette fable, qui représente le mariage de la terre & du soleil, ne soit née dans le même climat que celle de Janus & du phénix ? N'est-il pas évident que ces trois fables s'appuient mutuellement ? Quelqu'un a cru que j'avais cité ces choses pour amuser plutôt que pour démontrer. Je respecte trop le public pour l'amuser ainsi. Mais, sans avoir voulu démontrer par des fables, je pense qu'elles fournissent des probabilités pour appuyer les faits : je pense sur-tout que la vérité cachée les rend dignes de l'attention des philosophes. Ces jouets de l'enfance furent jadis l'ouvrage des hommes de génie. Je crois qu'il n'y a point de fables, reçues & accréditées chez les peuples, qui ne renferment quelque vérité historique, physique ou morale. La ceinture de Vénus, le bandeau de l'Amour, Narcisse amoureux de son image, sont des fables morales ; celle de *Fréja*, celle du phénix, sont évidemment des fables physiques.

Les fables de Proserpine, d'Adonis, d'Osiris, sont également relatives au soleil ; c'était son absence que l'on pleurait pendant les quarante jours du deuil d'Adonis & d'Osiris. Deucalion transporta dans la Sibérie le culte d'Adonis, & ce Deucalion était Scythe. Il y a donc beaucoup d'apparence que les peuples du nord, en descendant vers le midi, y portèrent les emblêmes relatifs au physique de leur climat ; & ces emblêmes sont devenus des fables, puis des personnages, puis des Dieux, dans des imaginations vives & prêtes à tout animer, comme celles des Orientaux. Au reste, si j'ai tracé la marche de l'homme né sous le pôle, s'avançant vers l'équateur, inventant toutes les fables connues, toutes les différentes mesures de l'année, par les circonstances physiques des différentes latitudes, ce n'est qu'une fiction philosophique, singuliere par sa conformité avec les phénomènes, remarquable par l'explication des fables ; fiction qui surtout n'a rien d'absurde en elle-même, & à laquelle il ne manque que d'être appuyée par l'histoire.

Mais

Mais nous devons nous en tenir aux faits ; c'eſt la baſe de la vraie philoſophie. Le premier de ces faits eſt l'exiſtence, à mon avis, démontrée, d'un peuple plus ancien que tous les peuples connus, l'état des ſciences perfectionnées chez ce peuple. Le ſecond, c'eſt ſon habitation préſumée ſous le parallèle de 50°, & préſumée par des faits aſſez évidens & aſſez démonſtratifs.

Les tigres du nord, qui ont dévaſté le midi de l'Aſie, n'avaient ſans doute ni quart de cercle, ni aſtrolabe ; mais obſervez, je vous ſupplie, Monſieur, que quand je dis que les peuples de Tartarie ont été éclairés, j'ai en vue ceux qui exiſtaient trois à quatre mille ans avant les Barbares dont vous parlez. Nous pourrions également conclure que la Grece n'a eu ni Sophocle, ni Démoſthene, parce que les Turcs, qui la poſſedent, ſont féroces, ignorans, & qu'ils dévaſ-

R

teraient l'Europe, si on les laissait faire.

Quelle est donc la difficulté de concevoir un peuple savant & éclairé en Asie, sous la latitude de 50°? Cette latitude est celle de Paris, de Londres & de Berlin; c'est à cette distance de l'équateur qu'ont été faites les plus grandes découvertes modernes. La difficulté, c'est le froid de la Tartarie, qui nous donne l'idée de frimats & d'un ciel nébuleux; ce sont ces belles nuits de l'Inde & de la Chaldée, qui ont déterminé les philosophes à y placer l'invention de l'astronomie. Mais, Monsieur, toutes les nuits du nord sont-elles donc nébuleuses? Croyez-vous que les longues nuits ne soient pas favorables aux observations? Si le ciel se laisse voir à de hautes latitudes, on a un grand avantage; c'est de suivre le mouvement des astres pendant de longs intervalles de tems, sans les interruptions ordinaires à nos climats par l'alternative du jour & de la nuit. Imagine-t-on que les obſervations ne ſoient pas praticables dans la Tartarie? Le P. Gerbillon y fit huit voyages, à la ſuite de l'Empereur de la Chine, vers les monts Altay, & la plupart ſous les parallèles de 48 & de 49°. Il rapporte une grande quantité de hauteurs méridiennes du ſoleil (a). Les Ruſſes ont ſouvent obſervé dans la Sibérie, & aux plus hautes latitudes ; ce qui prouve que le climat de la Tartarie a pu permettre des obſervations à ceux qui ont eu envie de les faire.

Je ſens qu'on m'oppoſera moins la difficulté des obſervations en Tartarie, que leur facilité dans l'Inde & dans la Perſe.

On dit, & je l'ai peut-être dit moi-même, que la beauté, la conſtance du ciel de l'Aſie méridionale, a fait inventer l'Aſtronomie aux peuples de cet

---

(a) Hiſt. des voy. Tom. XXVIII & XXIX.

heureux climat, & les a rendus astronômes malgré eux. Il faut d'abord définir, pour s'entendre. Qu'est-ce que l'astronomie ? Est-ce le soin de remarquer les étoiles, de compter les plus belles, d'en former des groupes, de distinguer celles qui se meuvent ? Si ces remarques simples, qui naissent du loisir de la vie champêtre, s'appellent inventer l'astronomie, je conviendrai qu'elle a pu naître non seulement dans l'Inde & dans la Chaldée, mais partout ailleurs ; il n'est point de païsan dans nos campagnes, qui ne l'invente ainsi tous les jours. Ces remarques, faites au hasard, sont le plus souvent infructueuses. Inventer une science, c'est réunir ces remarques pour en tirer des principes ; c'est poser des vérités pour base, avec le dessein de se servir de cette base pour s'élever. Je vous étonnerais bien, Monsieur, si je vous disais que la constance de ce beau ciel a empêché les peuples de l'Inde de faire aucun progrès dans l'aftronomie. Ce n'eft pas tout que ce magnifique fpectacle, il faut encore des yeux qui fachent le voir, des efprits capables de méditation, & à qui la nature ait donné la faculté de fe mouvoir affez rapidement d'une idée à une autre. La férénité du ciel eft une image de la paix & de la tranquillité; elle eft néceffairement liée à la conftance du caractere, à la pareffe de l'efprit. Cette conftance ne fe rencontre point avec le génie, cette pareffe ne permet pas l'invention. Il faut un ciel mobile, changeant, pour faire varier les idées, & pour leur donner le mouvement qui fait éclorre les découvertes. Ce ciel mobile, d'où naît l'inconftance de l'humeur, produit ces découvertes, dont un grand nombre ne font peut-être que la fuite de l'inconftance des idées.

C'eft parce que les Orientaux ne voyent rien au-delà de ce qui eft établi, qu'ils confervent le gouvernement le plus abfurde, le plus pefant à la nature humaine, celui du defpotifme. Ils fupportent ce joug de fer fans murmure, comme ils voyent leur ciel fans admiration. Leurs adorations annoncent qu'ils regardent le defpote comme appartenant à une nature fupérieure. Le foin qu'il a de ne fe point laiffer voir explique la durée, & non l'origine de cette efpece d'idolâtrie. Ailleurs, la flatterie a pu déifier des Princes, mais la flatterie fait bien ce qu'elle en doit penfer ; en Afie, ce n'eft point une fottife volontaire, c'eft une croyance ancienne & profonde. Quand je me repréfente les peuples méridionaux affaiblis par les ardeurs du foleil, s'affaibliffant encore par l'oifiveté de l'abondance, perdant, avec les forces du corps, le courage de l'ame & la hardieffe de l'efprit : quand, au contraire, je vois vers le nord, des peuples endurcis par une vie active, préparés à la guerre par l'exercice de la chasse, nécessités au travail, à l'industrie, &, dans un climat qui leur refuse tant de choses nécessaires, tenant du climat même la force de les ravir ; je ne puis m'empêcher de penser que lorsque les uns sont descendus chez les autres, soit comme conquérans, soit comme législateurs, leur supériorité a fait l'impression la plus vive : les hommes se sont humiliés devant la force & devant les lumieres; incapables de prétendre à l'égalité, ils ont cru voir dans ces maîtres, dans ces bienfaiteurs, sortis d'un autre pays, des hommes d'une autre nature. Cette vénération, ou plutôt cette erreur, a été durable, comme toute impression sur un corps sans ressort ; & le peuple imbécille a conservé, à des successeurs sans force & sans génie, un respect à peine dû aux instituteurs de leur puissance.

Convenons, Monsieur, de cette grande vérité. La molesse doit céder au travail ; à la longue, le travail doit subjuguer le monde. Mais le travail est né dans les lieux âpres & difficiles. Il lui faut une nature qui invite par des promesses, & non pas une nature qui donne sans qu'on lui demande. Il est né au pays des torrens qui ravagent les campagnes; au pays où la chaleur est compensée par les frimats, où l'une donne des espérances, & les autres des inquiétudes. C'est alors que l'homme déploie ses forces, parce qu'il lutte contre la nature. C'est alors que l'industrie naît du besoin. Nous l'observons dans plusieurs especes d'animaux; celles qui vivent de l'herbe, à qui la subsistance est aisée & abondante, sont timides, paresseuses & stupides. D'autres animaux, tels que le renard, le loup, vivans de rapines, opposant la ruse aux précautions, suppléant par la hardiesse des entreprises à la rareté des occasions, sont courageux & intelligens. Si l'industrie dépend partout d'une certaine conformation d'organes, dans l'homme comme dans les animaux, elle se développe par la difficulté. Elle ne doit donc point se trouver dans les beaux climats dont nous parlons, & parce que le soleil y relâche tous les ressorts, & parce que la nature y fait tout pour les humains. Vous l'avez dit, vous-même, Monsieur ; c'est du nord que sont sortis les tigres, ou les loups, qui ont dévoré les agneaux du midi ; mais considérez, je vous prie, que le peuple des agneaux est un peuple imbécille, & que celui des loups est un peuple éclairé.

Il est donc probable que la population, les conquêtes, l'esclavage, les lumieres se sont étendues sur le globe, du nord vers le midi. Si vous trouvez quelque justesse, Monsieur, dans les réflexions que je viens de soumettre à votre esprit philosophique, il en faudra conclure que les deux idées de la terre d'abord peuplée par les plus beaux climats, & de la terre éclairée par eux, ces idées qui paraissent si naturelles, si conformes à la vérité, examinées avec attention, ne se trouvent cependant conformes ni aux faits, ni à la nature des choses.

La marche des sciences du nord vers le midi, n'a été annoncée dans mon histoire que comme une opinion très-probable. J'étais en contradiction avec les idées reçues, je devais avoir cette défiance de moi-même. Mais cette probabilité n'est-elle pas augmentée aujourd'hui ? N'est-il pas singulier que M. de Buffon, appercevant le réfroidissement du globe, ait imaginé que les hommes ont dû habiter primitivement le *plateau* de la Sibérie, ces plaines plus élevées que la plupart des montagnes de la terre, parce que les premieres réfroidies, elles ont dû être les premieres habitables ; que M. de Linné, en découvrant le climat où la nature produit d'elle-même le froment, ait pensé que les hommes vivaient dans la Sibérie avant leur dispersion, puisque l'aliment, dont l'usage est presqu'universel, est une production propre à ce climat; enfin que moi, qui m'honore infiniment de me voir associé à ces deux noms célebres, j'aye été conduit par les faits, à placer l'invention de l'astronomie vers Selinginskoi, dans ces climats d'abord réfroidis, suivant M. de Buffon, dans ces climats où le blé naît de lui-même, suivant le Botaniste de Suede? Il n'y a point eu de communication entre nous; c'est par une marche différente, c'est en partant de sources éloignées, que nous sommes arrivés au même terme. Si les hommes ont quelque marque certaine de la vérité, il semble que c'est lorsqu'elle se trouve au point de concours de plusieurs recherches, & lorsqu'elle est le résultat de plusieurs faits.

Il me reste à vous prouver, Monsieur, que l'hypothèse de M. de Buffon sur le réfroidissement de la terre est plus probable qu'on ne le pense, qu'elle n'a rien qui répugne aux loix naturelles, & sur-tout qu'elle est très-digne du génie de son auteur.

Je suis avec respect, &c.

NEUVIEME LETTRE

A M. DE VOLTAIRE.

Du feu central, ou de la chaleur propre & intérieure du globe.

Paris ce 19 Septembre 1776.

Vous n'avez point lu le feu central, Monsieur, j'aurai donc le plaisir de vous développer ce beau système, ou plutôt cette grande vérité ; elle est la base de l'hypothèse du refroidissement de la terre, c'est par elle que je dois commencer. Permettez-moi de vous observer que le Tartare n'a rien de commun avec le feu central. Le Tartare est l'image de la conscience des méchans : les vérités physiques ne se dévoilent qu'aux sages, aux ames pures & tranquilles. Le vertueux Mairan, qui a apperçu le feu central, étoit né pour les Champs élisées, où sa philosophie douce eût amusé les ombres du récit de ses hypothèses ingénieuses.

Le Tartare est un conte moral, philosophique, dont le but fut d'effrayer les hommes pervers. Les Grecs, qui prirent la chose à la lettre, l'avaient placé dans les entrailles du monde. C'est aussi dans son sein, dans la masse même de la terre, que réside le feu central de M. de Mairan. Mais au lieu d'être une demeure de tourmens, c'est une source de chaleur bienfaisante, qui anime la végétation, qui entretient la vie sur le globe : sans elle, nous n'existerions pas. Si la chaleur du soleil faisait seule nos étés, lorsque cet astre abandonne certains climats, lorsqu'il s'abaisse sur notre horison, & n'envoye plus que des rayons languissans, la glace anéantirait tout; hommes, animaux, plantes, en périssant, ne laisseraient qu'un désert aride, & la terre n'aurait d'asiles que dans les contrées de l'équateur, où le soleil a établi son séjour, & sur lesquelles il veille en père.

Voilà, Monsieur, ce que je me propose de vous prouver, en suivant les pas du philosophe que nous regrettons.

Il semble qu'il y ait une grande différence entre la chaleur & le froid que nous éprouvons sur la terre ; on périt par les ardeurs du soleil dans les déserts de l'Afrique, on périt par l'amas des glaces dans les déserts de la Sibérie. Quant à notre zone tempérée, la chaleur brûlante de quelques-uns de nos étés semble bien éloignée du froid célebre de 1709, & du froid de cette année 1776. Mais nos sens nous trompent. Êtres faibles, qui rampons à la surface du monde, le moindre poids nous écrase, le moindre changement nous tue ! Avec nos mesures bornées, tout paraît énorme, excepté ce que nous ne pouvons atteindre ; & tandis que nous rappetissons la nature dans la sphere étroite de nos conceptions, nous aggrandiſſons toutes les choſes ſenſibles ſur la petite échelle de nos ſenſations. Il a fallu conſtruire des inſtrumens impaſſibles pour nous apprendre à eſtimer ce que nous ſentons. Ce n'eſt qu'à l'époque de l'invention des thermomètres comparables, que nous avons eu des connaiſſances réelles ſur la température des ſaiſons & des climats.

M. Amontons compara ſur le ſien la chaleur de l'été à celle de l'hiver. Il trouva qu'elles étaient dans le rapport de 60 à 51 ½, ou de 7 à 6. Ainſi, comme le remarque M. de Fontenelle, *la même matiere qui produit par ſon agitation les plus grandes chaleurs & les plus inſupportables de notre climat, ayant alors ſept degrés de mouvement, elle en a encore ſix, lorſque nous ſentons un froid extrême.* (a) C'eſt cette ſingularité qui, ſans doute, détermina M. de

---

(b) Hiſt. de l'Acad. des ſcien. 1701, p. 7.

Mairan à calculer plus exactement, dans les deux saisons, les différens effets des rayons du soleil. Il donna ses résultats en 1719 ; mais je ne vous parlerai, Monsieur, que du mémoire qu'il publia en 1765, où il a développé ses idées, & donné à ses calculs l'exactitude dont ils étaient susceptibles. Je n'entrerai même point avec vous dans le détail de ces calculs ; je n'ai pas dessein d'établir la quantité de la chaleur centrale, mais de démontrer son existence. En affaiblissant les résultats, en les posant sur des élémens simples, & hors de toute attaque, je ne rendrai cette existence que plus évidente.

Plusieurs causes concourent à rendre la chaleur plus grande en été qu'en hiver. 1°. L'élévation du soleil fait que ses rayons tombent en plus grande quantité sur un espace donné ; & la chaleur, toutes choses égales d'ailleurs, est proportionnelle à la quantité des rayons. 2°. Cette élévation produit les longs jours, où la préfence du foleil échauffe plus la terre que fon abfence ne la réfroidit. 3°. Il réfulte encore de la hauteur du foleil, que fes rayons ont moins de chemin à faire dans l'atmofphère pour parvenir jufqu'à nous; ils font moins émouffés, moins affaiblis par le choc, ou la réfiftance des parties groffieres de cette atmofphere. Une légere caufe tend à diminuer ces effets : c'eft que le foleil eft plus loin de nous en été qu'en hiver. Mais cette caufe, que l'on peut apprécier rigoureufement, eft affez petite pour être négligée ici. D'ailleurs je la compenferai, en négligeant également la troifieme caufe ; non que fon effet ne foit beaucoup plus confidérable : mais, pour en eftimer jufte la quantité, il faudrait entrer dans des difcuffions dont nous devons nous éloigner. En négligeant ce troifieme élément, j'affaiblis la caufe que je défends : mais le réfultat ne fera que plus démonftratif. Je me réduis donc aux deux premiers, & nous allons les estimer.

La quantité des rayons solaires qui tombent sur un espace donné, est proportionnelle au sinus de l'élévation du soleil, ou de l'angle que ses rayons font avec l'horison. En conséquence, M. Halley, à qui l'astronomie, la géométrie & la physique ont tant d'obligations, estime l'effet des rayons solaires, en été & en hiver, dans la raison des sinus des élévations du soleil (a), c'est-à-dire, à peu près dans la raison de 3 à 1 pour le climat de Paris. On peut donc assurer que Paris reçoit trois fois plus de rayons en été qu'en hiver. M. Fatio, géomètre Anglais, pensait qu'il fallait avoir égard à la perpendicularité des rayons, qui frappent avec d'autant plus de force, qu'ils sont moins inclinés ; & cette considération donnant encore la raison de 3 à 1, il

---

(a) Transf. philof. n°. 203.

trouvait que la chaleur d'été, abstraction faite de toute autre cause, devait être à celle de l'hiver comme 9 à 1 (a). Mais on objecte que les différentes parties de chaque terrein, étant différemment inclinées, reçoivent les rayons sous toutes les inclinaisons possibles, & qu'il n'y a pas de raison pour choisir l'une plutôt que l'autre. Je m'en tiendrai, comme M. de Mairan, à considérer la quantité des rayons, & à estimer la chaleur qui en résulte, par le rapport de 3 à 1, en vous faisant remarquer, Monsieur, que je suis toujours l'estimation la plus faible.

L'effet de la durée des jours pour augmenter la chaleur, n'est pas moins évident. Chaque jour qui s'allonge, imprime à la terre une chaleur plus grande : chaque nuit, qui en même tems se raccourcit, lui en enleve une moindre partie. Il est sensible par ce

---

(a) *Fruit Wals improved by inclining them to the horizon*, p. 39.

raisonnement, indépendamment même de l'expérience, que la chaleur doit s'augmenter par des accroissemens toujours plus grands, & par une véritable accélération. M. de Mairan calcule cet effet, à la maniere des géomètres, suivant les loix des causes accélératrices, & pense avec beaucoup de justesse, ce semble, qu'il est en raison du carré du tems que le soleil reste sur l'horison : il en conclud que la chaleur de l'été doit être, à cet égard, quadruple de celle de l'hiver. Mais, pour nous borner ici à ce qui est simple & sensible, nous écarterons cette raison du carré des tems, quoique je la croye plus exacte, & nous nous restreindrons à une seule considération. Le jour à Paris, au solstice d'été, est de seize heures ; au solstice d'hiver, il n'est que de huit heures. Le soleil reste donc sur l'horison une fois plus de tems dans une saison que dans l'autre, il doit donc échauffer la terre, au moins une fois davantage ; & comme Paris alors reçoit trois fois plus de rayons, il s'enfuit que la chaleur doit être, au moins, six fois plus grande.

M. de Mairan, en estimant ces causes comme je l'ai dit, & comme il le devait faire pour être exact, en ayant égard à la cause que j'ai négligée, trouve que cette chaleur est presque dix-sept fois plus grande : si on admettait la considération de M. Fatio, on triplerait encore ce rapport, & la chaleur de l'été serait cinquante fois plus grande que celle de l'hiver.

Comme je ne me propose que de rendre la vérité sensible, le calcul, que je mets sous vos yeux, me met à l'abri de toute difficulté. On ne peut nier que le climat de Paris ne reçoive trois fois plus de rayons du soleil en été ; & comme cet astre demeure un tems deux fois, plus long sur l'horison, il est de toute évidence que la chaleur de l'été est au moins six fois plus grande qu'en hiver.

Il s'agit maintenant, Monsieur, de consulter le thermomètre, & de lui demander le rapport des températures de ces deux saisons. Mais, avant de le consulter, il faut le connaître ; il faut se faire une notion exacte du chaud & du froid, apprécier la relation nécessaire entre leurs accroissemens & la marche des degrés de cet instrument. Je vais vous redire bien des choses que vous savez. Je sais que je parle à un homme éclairé : vous avez montré autant de sagacité pour étudier la nature, que de talent pour la peindre. Mais le développement des idées, l'ordre qu'elles exigent, me tracent un plan dont je ne dois pas m'écarter.

Le thermomètre ne montre essentiellement que les degrés de la dilatation & de la condensation des liqueurs: mais l'observation en est certaine. Dès qu'il y a chaleur, il y a dilatation : dès que le froid se fait sentir, les corps se resserrent, & la condensation commence. Les liquides sont les corps les plus sensibles à ces variations : on emploie l'esprit de vin & le mercure pour la construction des thermomètres: celui de M. de Réaumur, que nous prendrons pour exemple, est construit de maniere que l'espace d'un degré est la millieme partie de l'espace compris dans la boule & dans la partie du tuyau, jusqu'au terme de la glace : ainsi, quand la liqueur, partant de ce terme, s'éleve jusqu'à la température moyenne, c'est-à-dire, jusqu'à dix degrés au-dessus de la glace, cela signifie que la liqueur s'est dilatée, & que contenue auparavant dans un espace exprimé par mille parties, elle en occupe alors un plus grand, de sorte que ces espaces sont entr'eux comme 1000 à 1010, ou 100 à 101. C'est donc par les progrès de la dilatation que nous jugeons de ceux de la chaleur : c'est par les progrès de la condensation que nous apprécions l'intensité du froid. Mais la condenſation & la dilatation, le froid ou la chaleur, ne font qu'une même choſe ; il n'y a de différence que dans le degré. C'eſt le développement d'un effet ſemblable, qui, ſoit qu'il s'accroiſſe, ſoit qu'il diminue, appartient à une cauſe unique : la condenſation eſt une diminution de la dilatation : le froid eſt une chaleur moins grande. Le froid n'exiſte pas, ce n'eſt qu'une privation. La chaleur a ſeule une réalité d'action qui anime la nature, & donne le mouvement à tous les êtres. Le froid abſolu ne ſerait que la ceſſation totale de la vie & du mouvement. Ces frimats, qui blanchiſſent nos campagnes, ces vents, qui nous morfondent de leur ſouffle glacé, ne nous apportent qu'un moindre degré de chaleur ; ils ſuſpendent la végétation, & nous permettent de vivre.

Il exiſte donc dans la nature une échelle de degrés de chaleur, dont l'extrémité ſupérieure eſt le terme où tous les fluides, échauffés par l'action du feu, dans un état continuel d'ébullition, seraient volatilisés; où les parties les plus fixes de la terre, divisées & atténuées par celles du feu, pourraient monter également en vapeurs; où enfin, si cet état violent pouvait durer, le globe lui-même, quoique formé & consolidé par la force de la gravité, serait détruit par la force expansive du feu. L'autre terme, au bas de l'échelle, est celui où cette force n'animant plus la nature, où l'action de la chaleur vivifiante étant absolument cessée, tous les êtres vivans seraient anéantis, tous les fluides glacés; où l'air lui-même, privé de son ressort & de ses qualités constitutives, retomberoit sur la terre engourdie, pour ne plus former avec elle qu'une masse solide & morte. La distance de ces deux termes est infiniment grande; & si la nature est destinée à la parcourir, elle ne descend que lentement, & ne l'achevera qu'après des milliers de ſiecles. Dans les jours de notre courte exiſtence, avec des moyens bornés, nous n'en pouvons connaître qu'un petit intervalle : la vie eſt placée entre ces termes deſtructeurs, entre ces cauſes de mort. La bonté de l'Être ſuprême les a tous deux éloignés de nous; ils ſont également hors de la portée de la vue, & leur diſtance, que le génie a pu franchir, n'a pu être meſurée par l'induſtrie humaine.

Cependant, pour comparer la température de l'été à celle de l'hiver, il faudrait connaître la ſomme des degrés de chaleur, dans l'une & dans l'autre ſaiſon; il faudrait partir d'un des termes inconnus de l'échelle. Au défaut de l'exactitude rigoureuſe & des valeurs abſolues, qui nous ſont preſque toujours refuſées, l'eſprit humain emploie ici l'approximation, dont il a tant varié & perfectionné la méthode: il s'avance juſqu'à l'extrémité de ſes moyens, & s'il n'atteint pas la vérité cherchée, il fait au moins qu'elle est au-delà. Dans presque tous les genres, la connaissance des limites est la plus certaine de nos connaissances.

Si nous ne pouvons pas avoir une idée du froid absolu, qui ne sera que lorsque nous ne serons plus, il faut nous borner à connaître le plus grand froid possible. Le plus fort que nous ayons encore éprouvé à Paris, paraît devoir être fixé, suivant le thermomètre de M. de Reaumur, au quinzieme degré au-dessous de la glace. A Pétersbourg, le mercure descend dans ce thermomètre à 31, & dans la Sibérie, il est descendu jusqu'à 70 degrés au-dessous du même terme. On vit cependant dans ces climats, on y reproduit son espece ; la vie y conserve la plus grande partie de ses droits & de son activité. On en doit donc conclure que le froid absolu est bien au-delà de ces 70 degrés du thermometre.

N'oublions pas de remarquer que le mercure y garde toute sa fluidité.

C'est un spectacle intéressant de voir l'art ajouter à la nature, l'esprit humain l'interroger, la forcer de se développer, & de dévoiler des secrets, qu'elle tenait enfermés dans ses profondeurs, ou qu'elle réservait pour d'autres siecles. Farenheit tenta le premier d'augmenter le froid par des moyens artificiels. Vous savez, Monsieur, que l'on produit en été de la glace, en mêlant des sels avec de la neige. Nos voluptueux, qui font renaître l'été dans leurs appartemens d'hiver, aiment à retrouver ses liqueurs glacées dans leurs repas d'été. En mêlant de l'esprit de nître fumant avec de la neige, on obtient un refroidissement plus considérable, & d'autant plus que le froid actuel de l'atmosphere est plus grand, parce que le refroidissement, qui naît du mélange, s'ajoute sans doute à celui que ces deux substances tenaient de la température.

Farenheit ne put faire descendre le mercure qu'à un terme qui répond au 32e degré du thermomètre de M. de Reaumur. Il fabriqua donc à Londres le même froid qu'on éprouve à Pétersbourg. Il était naturel d'imaginer qu'on pourrait le faire descendre plus bas dans un pays plus froid. Les Russes profiterent du triste avantage qu'ils ont à cet égard sur les autres nations, & ils firent l'expérience la plus curieuse de ce siècle. Le 25 Décembre 1759, le thermomètre étant à 29 degrés, M. Braun (a) laissa refroidir de l'esprit de nître & de la neige à la température actuelle ; il fit ensuite le mélange, & y plongea un thermomètre : le mercure descendit à 170 degrés. La boule, qui avoit commencé à se fêler, se brisa alors tout-à-fait, & le mercure fut trouvé en partie gelé & malléable comme le

(a) *De admirando frigore artificiali.*

plomb : découverte qui, comme le remarque M. de Mairan, suffirait seule pour rendre un nom célebre : découverte, qui assimile le mercure à tous les autres métaux ; puisque ces métaux, exposés au feu, deviennent liquides comme lui, & que le mercure, à un froid de 170 degrés, ou plus grand, devient solide comme eux. M. Lomonosow (a) répéta & suivit plus loin cette expérience. Le 6 Janvier 1760, le froid était augmenté de deux degrés : un semblable thermomètre, mais apparemment plus fort, fut plongé, sans aucun accident, dans la neige mêlée à l'esprit de nître ; le mercure y descendit jusqu'au 592ᵉ degré : alors il était entiérement gelé & réduit en masse absolument solide.

Nous voilà donc parvenus à 592 degrés de froid, &, en nous rappelant toujours que nous avançons vers les

---

(a) *De solido & fluido.*

termes de la nature, mais que nous n'y touchons pas, nous conclurons que le froid abfolu eft encore bien au-delà. Quelques réflexions vont même reculer infiniment ces limites. Si Farenheit, avec le plus grand froid qu'on éprouve à Londres, qui était peut-être de 10, 12 ou 15 degrés, n'a pu produire qu'un froid artificiel de 30°, ou à peu près double : fi les Ruffes, avec un froid de 31 degrès, ont produit un froid artificiel de 592 degrés, c'eft-à-dire, vingt fois plus fort : quel froid énorme ne produirait-on pas dans la Sibérie, où le thermomètre defcend quelquefois naturellement à 70 degrés ! On voit que ces deux froids artificiels font dans une proportion bien plus grande que celle des différentes températures de l'atmofphere : qu'arriverait-il donc, fi cette plus grande proportion avait lieu également, en répétant l'expérience dans la Sibérie ? Mais en fuppofant feulement que les effets fuffent dans

la

la proportion de ceux qui résultent de l'expérience des Russes, on pourrait obtenir un froid de près de 1400 degrés. Remarquez bien, Monsieur, que ce froid n'est point l'ouvrage des hommes, l'effort de l'art est de le faire paraître. Il ne dépend pas de nous de créer un atôme de chaleur : il ne dépend pas plus de nous de faire descendre la nature à un réfroidissement, qui ne lui appartiendrait point ; &, en dépouillant ainsi les corps d'une partie de leur chaleur, nous savons que nous ne l'épuisons pas.

M. de Mairan, qui a supposé le froid absolu, à 1000 degrés au-dessous de la glace, n'a donc rien supposé de trop. M. de Buffon pense même que ce terme pourrait être reculé jusqu'à 10000. En effet, Monsieur, pouvons-nous croire que l'art puisse opérer le froid absolu, où la nature n'arrivera que par la longue continuité d'une diminution insensible ? Accoutumés,

T

comme nous le fommes, à trouver toujours nos œuvres au-deffous des fciences, nous pouvons juger de l'énorme différence du produit des moyens humains, au réfultat de ceux qu'elle employe pour fe conferver ou pour fe détruire. Mais la vue du génie porte trop au-delà du terme de nos vues, elle faifit des rapports que nous n'appercevons pas. L'eftimation de M. de Buffon, malgré la jufte confiance qu'il infpire, peut paraître arbitraire. Fidele au plan que je me fuis propofé, je veux rapprocher tous les effets, pour en rendre les différences moins grandes, mais plus sûres, ou du moins plus démonftratives. Nous établirons donc, comme un réfultat évident des expériences précédentes, que le terme du froid abfolu eft plus bas que le 1000e degré du thermomètre de Réaumur.

C'eft de cette bafe, c'eft de ce terme que nous partirons, pour compter les degrés de chaleur, pour comparer la température de l'été à celle de l'hiver.

En prenant une suite d'observations, faites à Paris pendant cinquante-deux années, de la plus grande chaleur d'été, la quantité moyenne entre ces cinquante-deux observations, est de 26° au-dessus du terme de la glace; & comme nous supposons 1000 degrés au-dessous, il en résulte que la plus grande chaleur de l'été est à Paris de 1026 degrés. On trouve de même que le froid moyen, pris sur un grand nombre d'années, est de 7 degrés au-dessous de la glace; & comme ce terme a lui-même encore 1000 degrés de chaleur, il s'ensuit que le froid moyen de nos hivers conserve 993 degrés de cette chaleur nécessaire. Voilà donc les deux quantités, qui expriment le rapport de la chaleur de l'été à celle de l'hiver : ces chaleurs sont comme 1026 à 993, ou comme 32 à 31. Ainsi, entre la chaleur qui nous brûle, qui nous fait chercher la fraîcheur des bois & des ruisseaux, & le froid, qui demande des fourrures & des brasiers ardens, il n'y a qu'un 32ᵉ de différence ; & cette différence est la plus grande que nous puissions admettre : car si, au lieu de supposer le froid absolu à 1000 degrés, comme je l'ai fait, on l'eût reculé jusqu'à 2000, comme on l'aurait pu faire par des raisons valables, & sans trop étendre le résultat des expériences, cette différence ne serait plus que d'un 62ᵉ. Voilà donc deux faits que nous pouvons comparer : l'un, que la différence de la chaleur de l'été à celle de l'hiver, observée dans nos climats, avec les instrumens les plus exacts, est seulement d'un 32ᵉ; l'autre, que la chaleur versée en été par le soleil, est au moins six fois plus grande, dans les mêmes climats, que celle qu'il leur dispense en hiver.

Vous conviendrez, Monsieur, que la différence de ces deux faits est énorme. Quand les glaces nous environnent, nous devrions avoir perdu plus des cinq sixiemes de la chaleur de la terre, nous n'en avons perdu réellement qu'un 32e. On trouve par un calcul fort simple, que pour concilier ces deux faits, également inconteſtables, il faut que la terre ait en hiver un fonds de chaleur environ 150 fois (a) plus confidérable que celle qu'elle reçoit, dans le même tems, du foleil, & 25 fois plus grande que celle des rayons d'été. Je demande alors d'où peut venir cette chaleur, que le foleil ne donne point à la terre, & qu'elle conferve dans fon abfence. M. de Mairan l'a découverte par des obfervations faites fur la terre ; il a dit qu'elle était intérieure, c'eſt-à-dire, inhérente au globe. C'était l'hypothefe la plus fimple que l'on pût imaginer

---

(a) M. de Mairan trouve 500 fois, par un calcul qui me paraît exact, parce qu'il a établi le rapport des deux faifons, comme 17 à 1. Je répete que j'ai voulu rendre ce rapport fenfible, & non le déterminer.

pour rendre raifon d'un fait fi fingulier, & en même tems fi bien démontré. S'il l'a regardée comme centrale, c'eft qu'il a confidéré que répandant fes influences bienfaifantes fur tous les points de la furface, elle agiffait comme partant d'un centre : mais il n'a point prétendu par cette qualification déterminer ni le lieu, ni l'origine de ce qui produit ces influences.

On a objecté à M. de Mairan que cette chaleur intérieure pouvait avoir fa fource dans les vapeurs bitumineufes, qui s'élevent des entrailles de la terre ; dans la fermentation, qui fait bouillonner les eaux & produit les volcans. Mais qu'eft-ce que la fermentation, fi ce n'eft un mouvement inteftin, excité dans certains corps, à l'aide d'un degré de chaleur & de fluidité convenable? La fermentation naît d'une chaleur préexiftante dans les matieres, qui en font fufceptibles, & en même tems d'un état de fluidité, ou d'humidité, qui en exclud la congélation. C'est donc alléguer pour cause, ce qui n'est qu'un effet : c'est dire que les matieres, où il y a de la chaleur, produisent la chaleur du globe. Mais pourquoi y a-t-il de la chaleur dans ces matieres ? Elle n'y a point été portée, à coup sûr, par les rayons du soleil : l'accès leur est trop bien défendu par l'opacité de la terre. Nos glacieres, où la glace ne fond point l'été, nos caves, nos souterrains, qui conservent en tout tems la même température, nous apprennent que la marche du soleil est indifférente, que les alternatives du froid & du chaud sont étrangeres, comme le jour, à ces asiles de la nuit. Dira-t-on que la terre ne perd point, en hiver, autant de chaleur qu'elle en acquiert en été, & que le phénomene, observé par M. de Mairan, est le résultat de ce qu'elle a gagné, amassé depuis le tems de son existence ? Mais alors la chaleur devrait augmenter annuellement sur le globe : la zone torride, qu'on regardait jadis comme inhabitable, le deviendrait en effet.

Ajoutera-t-on que la terre, comme une infinité d'autres corps, n'est susceptible que d'acquérir un certain degré de chaleur ? Arrivée à ce terme depuis bien des siecles, sa température reste constante. Mais on étend ici à tous les corps en général, & à la terre en particulier, ce qui n'appartient qu'aux fluides. L'eau ne s'échauffe point au-delà du degré qui la fait bouillir. Cette propriété des liquides tient à leur nature volatile : parvenus au terme de l'ébullition, ils montent en vapeurs, & échappent à l'action du feu. Les corps solides, par cela même qu'ils sont solides, sont toujours bien loin du degré de chaleur qu'ils peuvent recevoir : il faut qu'ils passent auparavant à l'état de fluides. Comment la terre se refuserait-elle au grand feu de la nature, tandis que ses parties les plus dures, les plus compactes, se liquéfient au feu de nos fourneaux ou de nos miroirs? Un feu plus fort les volatiliserait. Archimede, qui inventa le levier, ne demandait qu'un point fixe pour soulever la terre : on n'a qu'à nous donner des feux, du tems, & un laboratoire suffisant, nous fondrons le globe, & nous le réduirons en vapeurs.

D'ailleurs, comme la premiere source de cette chaleur serait toujours à la surface, on devrait éprouver plus de froid sous terre : la liqueur du thermomètre devrait descendre, lorsqu'on le transporte à de grandes profondeurs. Cependant M. de Genfanne, correspondant de l'Académie des sciences, observa dans les mines de Geromagny, près de Befort en Alsace, que le thermomètre qui, hors de la mine, était à deux degrés au-dessus de la glace, porté à cinquante toises de profondeur, monta à 10 degrés : il s'y tint jusqu'à cent toises ; mais ayant été descendu à une profondeur de deux cent vingt-deux toises, il s'éleva à 18 degrés (*a*). La chaleur augmentait donc à mesure qu'on pénétrait plus avant dans le sein de la terre.

Voilà, Monsieur, un fait qui dépose encore de cette chaleur intérieure: & sans cette chaleur, comment y aurait-il des volcans sous la vaste étendue des mers ? Comment leur masse énorme ne serait-elle pas gelée dans sa profondeur ? On sait que les rayons du soleil n'y pénetrent pas fort loin : la température égale & modérée des eaux le prouve assez; mais, à des profondeurs plus grandes, entiérement inaccessibles aux traits de la lumiere, les eaux de la mer devraient être toujours glacées, si des feux, encore plus profonds, ne les entretenaient dans leur état de liquidité. Je tirerai une pareille conclusion

──────────────────────

(*a*) M. de *Mairan*, Dissert. sur la glace, p. 62.

de la terre même : comment, dans les climats les plus froids, ne serait-elle pas gelée au-delà de cinq à six pieds (*a*)? Partout où l'eau pénetre, elle devrait se convertir en glace, par la rencontre des molécules terreuses, qui n'ont jamais vu le soleil. D'où venaient donc les sources de cette fontaine, que les Académiciens Français trouverent à Pello dans la Laponie (*b*) ; fontaine dont les eaux n'étaient jamais glacées? D'où viennent ces eaux chaudes, qui coulent dans le Spitzberg, à 80 degrés de latitude (*c*)? La fermentation ne peut expliquer ces phénomènes ; car nous avons dit qu'il n'y a point de fermentation, où il n'y a pas de chaleur.

Lorsqu'il tombe de la neige, après des gelées, cette neige s'amasse sur les

---

(*a*) Mém. de l'Acad. des sciences 1749, p. 14.
(*b*) Mém. Acad. des scien. 1737, p. 401.
(*c*) Hist. gén. des voy. *in-*4°. Tom. XV. p. 141.

champs réfroidis, tout est glacé autour d'elle ; cependant elle s'affaisse, elle se fond par dessous. Comment la croûte extérieure & durcie résiste-t-elle à la chaleur du soleil, tandis que la surface intérieure, qui touche à la terre, défendue par la couche entiere, éprouve assez de chaleur pour se résoudre en eau ? Souvent la végétation subsiste sous la neige glacée : il est même, dit-on, des plantes qui y fleurissent. La source de cette chaleur, la cause de cette végétation, est donc inhérente à la terre ; elle est donc l'effet des émanations centrales.

L'égalité des étés dans toutes les régions de la terre est un phénomene non moins remarquable, & une preuve non moins concluante. Depuis que le thermometre de Réaumur a été porté partout, on a pu connaître l'intensité de la chaleur de chaque climat ; il en a résulté qu'on éprouve à Petersbourg, en Suede, à Paris, une chaleur égale à celle de la zone torride (*a*). La feule différence, & elle est très-grande sans doute pour le corps humain, c'est qu'ici elle est passagere, & que là elle est habituelle ; c'est sa durée qui la rend insupportable. Comment, Monsieur, la chaleur n'est pas plus grande, les thermomètres ne s'élevent pas plus dans cette zone brûlée, où le soleil est continuellement à plomb sur les têtes, que dans nos climats, qu'il ne regarde qu'obliquement ? Il faut donc en conclure que la terre a en réserve un fonds de chaleur, qui est le même pour tous les climats & pour tous les hommes. C'est le sceau de la bonté de l'Être suprême. Le distributeur de ses dons nécessaires ne doit pas être le soleil ; il dispense trop inégalement ses regards & ses rayons. S'il embellit, s'il enrichit des climats plus heureux, du moins le mouvement essentiel à la vie ne dépend

---

(*a*) Mém. Acad. des scien. 1765, p. 210.

point de lui ; la source en est placée dans la terre même, pour qu'il se répande, avec égalité, dans toutes les parties du monde.

Si vous voulez donner le nom de système à cette belle découverte, Monsieur, ce sera un système comme celui de la gravitation universelle. Sans être téméraires, nous pouvons peut-être les regarder comme deux vérités. Mais si nous voulons nous renfermer dans les bornes d'une sagesse toujours louable, nous dirons que les phénomenes célestes sont tels qu'ils seraient, s'il existait une force d'attraction dans toutes les parties de la matiere ; & que les variations de la température sont les mêmes, que s'il y avait dans le sein de la terre un fonds de chaleur constant, étranger au soleil, & dont l'intensité fût infiniment plus considérable que celle du produit de ses rayons.

Vous me demanderez, Monsieur, si la connaissance de cette découverte est auſſi répandue qu'elle le mérite, ſi elle a porté partout une conviction qui ſemble inévitable ? Je vous répondrai que la fortune des vérités eſt plus durable, mais plus lente que celle des erreurs. L'auteur de ces vérités eſt tranquille, il a gravé ſur le bronze, il ne craint point la main du tems. La chaleur centrale, ou plutôt la chaleur propre du globe, quelqu'influence qu'elle ait ſur la nature, eſt une cauſe ſecrette, & juſqu'ici inconnue : elle ne ſe manifeſte pas à nos ſens, comme la chaleur du ſoleil. On a été longtems, ſans doute, à faire croire aux hommes que la lune, qui les éclaire, n'eſt pas lumineuſe par elle-même ; comment leur perſuader en hiver, lorſque le froid les pénetre, qu'ils éprouvent une chaleur 25 fois plus grande que celle du ſoleil en été : & en été, lorſque cet aſtre les brûle, qu'ils périraient de froid, s'ils n'étaient échauffés que par ſes rayons. L'expérience trompense repousse cette vérité. On croit sentir que le soleil est la source unique de la chaleur & de la vie : aussi les hommes reconnaissans se sont-ils prosternés devant lui. L'auteur de la lumiere fut le premier Dieu de l'univers. Tous les Guebres ne sont pas en Asie : les adversaires de M. de Mairan sont encore les adorateurs du feu céleste. D'ailleurs l'utilité, les usages indispensables des découvertes, sont les causes qui en propagent la connaissance. La théorie de l'attraction, qui devait perfectionner la géographie, la navigation & l'astronomie générale, a combattu plus d'un demi-siecle, avant d'être universellement adoptée : la découverte de la chaleur propre du globe, qui influe moins sensiblement sur les sciences, est restée au rang des idées philosophiques. C'est ainsi que cela doit se passer dans une capitale éclairée, où tant d'hommes s'occupent à produire de bons ouvrages, & tant d'autres

à

à les juger. *De tout un peu*, est, suivant les gens du monde, la devise du sage : nous avons beaucoup de sages de cette espece ; ils veulent faire marcher de front les plaisirs & les affaires, ils veulent avoir lû tous les livres ; on prononce sur quelques pages, on se forme une opinion sur l'entretien des cercles, on parle d'après les échos de la renommée, qui ne sont pas toujours fidelles, & la vérité demeure ignorée, ou mal connue.

Je suis avec respect, &c.

DIXIEME LETTRE
A M. DE VOLTAIRE.

Du réfroidissement de la terre, ou de la diminution de la chaleur propre du globe.

A Paris le 24 Septembre 1776.

Tous les hommes ne voyent pas de même, vous le savez, Monsieur. J'ai le malheur d'avoir la vue courte. Je suis souvent humilié en pleine campagne. Tandis que j'ai peine à distinguer une maison à cent pas, mes amis me racontent les choses qu'ils apperçoivent à cinq ou six lieues; j'ouvre les yeux, je me fatigue sans rien voir, & je suis quelquefois tenté de croire qu'ils s'amusent à mes dépens. Il est vrai que j'ai ma revanche: je lis très-facilement les plus petits caracteres, tandis qu'ils sont obligés de prendre une loupe. La différence, qui a lieu dans les vues, se rencontre également dans les esprits, entre les observateurs & les gens de génie. Ces deux especes d'hommes se connaissent mal, & s'estiment peu. L'homme de génie, élevé par ses propres forces à une grande hauteur, apperçoit un vaste horison: l'observateur attentif, placé beaucoup plus bas, recueille un à un les faits autour de lui. L'homme de génie a tort, s'il fait peu de cas de l'utile observateur; mais celui-ci, qui ose le lui rendre, est plus coupable. Il ne faut point accuser les gens qui ont la vue longue; le tems amenera les objets à notre portée, & le grand homme sera justifié.

Vous voyez, Monsieur, que je veux parler des idées nouvelles de M. de Buffon sur la chaleur propre du globe. Persuadé que cette chaleur existe réellement, il a conçu qu'elle avait dû être plus grande dans le commencement des tems, il a conclu qu'elle diminuerait dans la suite des siecles. Le caractere du génie est de tout ramener à des idées simples : il a considéré la terre comme un globe échauffé jadis jusqu'à l'incandescence, qui se refroidit lentement à raison de sa grande masse. Par des expériences ingénieuses sur des globes de différens diametres, chauffés & rougis, il a observé le tems du refroidissement : il a cherché par quelle loi ce tems s'était augmenté, dans les globes qui ont plus de diametre ; &, cette loi connue, il a osé déterminer le tems nécessaire au globe immense que nous habitons, pour descendre de l'état d'incandescence à une température habitable, & pour arriver ensuite, de cette température dont nous jouissons aujourd'hui, à la cessation de la chaleur, à l'état de glace & de mort, qui doit être la fin de toutes choses. J'entends des critiques s'élever. Est-ce à nous, insectes, qui vivons un jour sur un grain de sable, de calculer la durée passée & future des mondes?

Eh bien, laissons ces calculs, laissons la détermination des tems : j'accorde qu'ils soient trop forts, ou trop faibles de moitié. Ce n'est pas cela que je veux défendre, ce ne sont pas ces calculs, où le sceau du génie est empreint; c'est l'idée primitive qui leur sert de base : voilà vraiment l'ouvrage de M. de Buffon : voilà l'idée qui passera, j'ose le croire, aux siecles à venir.

M. de Buffon ne connaît qu'une loi dans la nature, c'est celle de la naissance & de la destruction. Excepté Dieu, tous les êtres, tous les corps, ne se forment, ne s'accroissent que pour décroître & se dissoudre. Cette idée est grande, simple, naturelle, & digne de son auteur. Le réfroidissement de La terre n'en est qu'une conséquence. la chaleur intérieure du globe est un produit de la création, une œuvre de la nature ; pourquoi serait-elle éternelle ? Le mouvement, qui porte cette chaleur du centre à la surface, y trouve-t-il des bornes qu'il ne puisse passer ? ne doit-il pas au contraire se propager au-delà, & la chaleur se dissiper par la loi de la continuation du mouvement ? Cette chaleur ne peut entretenir la végétation, circuler dans les canaux de la feve, sans se perdre à l'issue de ces canaux. Elle s'épuise précisément parce qu'elle nous échauffe. Ma bougie s'use en m'éclairant : le feu de ma cheminée s'éteint, s'il n'est pas entretenu ; & comme on ne me dit pas que le feu intérieur de la terre se renouvelle, j'en concluds qu'il sera détruit un jour. Je sais que les objets de ces comparaisons sont bien petits auprès de la masse échauffée du globe : mais toutes les choses, tous les êtres, grands & petits, sont égaux devant l'Être suprême, devant la nature, qui est son ministre, & cette vérité appartient à la physique comme à la morale.

En conséquence de ces réflexions,

l'hypothèse du réfroidissement de la terre ne vous paraît-elle pas, Monsieur, aussi vraisemblable, aussi naturelle, qu'elle est grande? Si les raisons les plus fortes, exposées dans ma lettre précédente, nous ont démontré l'existence & l'action sensible de la chaleur propre du globe, il paraît naturel d'en conclure la diminution annoncée par M. de Buffon. Cette vue ne serait cependant qu'une idée philosophique, peu utile, si elle n'avait d'autre fondement que sa vraisemblance. Mais vous allez voir des faits de plusieurs genres, qui sont des conséquences du réfroidissement de la terre, & qui en reçoivent leur explication. C'était une tradition chez les anciens, que la zone torride était inhabitable, ou du moins que les malheureux, condamnés à y vivre, ne croyaient point aux Dieux, qui leur semblaient injustes, & maudissaient le soleil, qui les brûlait (*a*).

(*a*) *Strabon, Geog.* Lib. XVII, p. 822.

Un voyageur a trouvé une tradition contraire dans la Sibérie : les habitans lui contèrent que leur pays avait été plus chaud avant le déluge (*a*). Je ne vous cite pas, Monsieur, ces deux traditions comme des preuves décisives ; je sais qu'elles peuvent n'être que des préjugés sans fondement. Je les rapporte, parce qu'il est singulier & remarquable de trouver sur le globe deux traditions, si favorables à M. de Buffon : deux traditions qui caractérisent les effets qu'il annonce ; diminution de la chaleur dans la zone torride, augmentation du froid dans la Sibérie.

Cette remarque nous conduit à une autre, qui peut fournir une induction semblable. Vous connaissez, Monsieur, ces pagodes fameuses dans les Indes, le temple de Canarin dans l'île Salsette,

---

(*a*) *Everart Ishrants Ides*, Recueil des voy. au nord, Tome VIII, p. 48.
Mém. de l'Acad. des scien. 1727, p. 312.

près de Goa, & celui qu'offre l'île Eléphantine, dans le voisinage de Bombay. Ces Temples, enfermés dans les flancs d'une montagne, font creusés dans le roc, avec un travail incroyable, qui annonce de grands efforts & un grand peuple. Les anciens Egyptiens, les Ethiopiens, avaient également de vastes souterrains, où étaient cachées ces colonnes de pierres, chargées des principes des sciences. Pourquoi ces excavations profondes, qui ont dû consumer tant de tems, & employer tant de bras? Pourquoi ne se trouvent-elles que dans la zone torride, & jamais dans le nord? Par quelle raison les Dieux étaient-ils adorés sous la surface de la terre, & hors de la portée de la lumière? Ce que je vais vous proposer, Monsieur, n'est qu'une conjecture, mais elle se lie si bien à l'idée du réfroidissement de la terre, que je ne puis la rejeter. Si l'homme a toujours fait les Dieux à son image, il a dû les loger comme lui. Le genre humain habitait peut-être alors des cavernes, des souterrains : on fuyait le soleil tout le jour, on ne sortait de ces asiles que pendant la nuit. Ces temples n'ont peut-être été primitivement que des palais dans des antres commencés par la nature, augmentés & multipliés par le travail des hommes. Quand la chaleur de la terre a été diminuée, quand le sol de la zone torride est devenu plus habitable, les hommes ont quitté ces tristes habitations, mais les Dieux y sont restés ; & ces ouvrages immenses, ces demeures antiques, attestent encore que dans ces climats infestés par les rayons du soleil, la terre des Indes était déserte en sa présence, & que la premiere habitation des hommes fut dans les flancs des montagnes & dans le sein de la terre.

Un fait plus singulier & plus démonstratif, ce sont les vestiges de ces plantes étrangeres que l'on trouve sur les pierres. Parmi le nombre prodigieux de substances fossiles, tant animales que végétales, qui sont répandues dans la terre, & souvent à de très-grandes profondeurs, celles qui paraissent les plus anciennes, dit l'historien de l'Académie des sciences (a), se trouvent presque toujours appartenir à des continens fort éloignés du nôtre. Leibnitz avait déjà reconnu quelques feuilles de plantes des Indes, imprimées sur des pierres d'Allemagne (b). M. de Jussieu en a vu un très-grand nombre sur les pierres de St. Chaumont dans le Lyonnois (c). *Il semble même*, dit M. de Fontenelle, qu'*il y ait à cela une certaine affectation de la nature* (d); toutes les pierres de St. Chaumont portent l'empreinte des plantes, qui ne croissent aujourd'hui que dans les Indes : il n'y en

---

(a) Hist. de l'Acad. des scienc. 1743, p. 111.
(b) *Ibid.* 1706, p. 9.
(c) Mém. de l'Acad des scienc. 1718, p. 287.
(d) *Ibid.* Hist., p. 4.

a pas une seule du pays. Le nom célebre de Jussieu annonce l'exactitude & la vérité.

A préfent, Monsieur, comment expliquerons nous les deux faits que préfentent ces obfervations? L'un, de ces plantes des Indes tranfportées dans la France, en Allemagne, & empreintes fur des pierres ; l'autre, de ces pierres mêmes trouvées à une grande profondeur. Tout cela indique un éloignement des tems, aussi grand que celui des lieux. Ces plantes, qui ont laiffé la trace de leurs linéamens fur les pierres, ont dû fe trouver d'abord au niveau du fol : il a fallu enfuite qu'elles fuffent recouvertes de terre pour cacher le fecret de la formation des minéraux ; foit que ce fol ait été couvert par les eaux, puis élevé par le dépôt des fables & du limon, foit qu'il ait été exhauffé feulement par le détriment des végétaux, & par les débris de la nature vivante. Vous voyez combien il faut de siecles, combien de générations ont dû passer & se détruire, pour former la quantité des couches de cette profondeur. Mais, de ces deux faits, le plus extraordinaire est que ces plantes se trouvent en France & en Allemagne. Comment des plantes, qui ne naissent que dans la zone torride, ont-elles pu s'accommoder de notre température ? Pourquoi ne se plaisent-elles plus dans cette température, où elles ont vécu jadis ? Ce ne sera pas vous, Monsieur, qui les ferez voiturer par le mouvement des eaux. On a peine à croire que l'organisation, toujours assez délicate, des plantes, eût résisté au jeu continuel des vagues dans un si long voyage : il est difficile de se persuader qu'elles eussent pu tourner l'Afrique sans voiles & sans pilote pour diriger leur course. Les courans ne sont d'aucun secours ici ; car les courans particuliers ont peu d'étendue, & ne passent gueres au-delà des causes locales qui les produisent. Les courans généraux ont lieu d'orient en occident : peut-être y en a-t-il qui se portent vers l'équateur, par l'effet du mouvement des marées ; mais cet effet, qui a lieu également dans les deux moitiés du globe, ne permet point aux eaux de s'étendre beaucoup d'un hémisphere à l'autre. Il faudrait d'ailleurs, Monsieur, que ces courans se trouvassent bien à propos. Il en faudrait un pour faire descendre les plantes vers l'équateur, & passer au-delà jusqu'à 3 5 degrés de latitude australe ; un autre pour les transporter d'orient en occident, au moins jusqu'à la longitude du premier méridien ; puis un troisieme pour leur faire passer de nouveau l'équateur, & les élever à la latitude où nous sommes, après un trajet de six mille lieues. Cette machine est un peu compliquée. J'aimerais autant dire que ce sont des herbiers, & les restes d'un cabinet d'histoire naturelle pétrifié ; car les vrais cabinets d'hiftoire naturelle, les plus curieux, font dans le fein de la terre. Ces explications étaient cependant ce qu'on pouvait avoir de mieux alors : mais il faut avouer qu'on ne peut pas y croire aujourd'hui. Difons encore que l'exclufion totale des plantes du pays, fur la quantité infinie de ces pierres, eft très-remarquable. Il y a une probabilité infinie pour conclure que ces plantes n'exiftaient pas. Alors ce fait, confidéré fous deux faces différentes, préfente deux réfultats femblables. La préfence des plantes des Indes indique une chaleur plus grande, néceffaire pour elles : l'abfence des plantes du pays indique qu'elles attendaient des influences plus douces.

Comment refufer d'admettre une caufe fimple, conforme aux loix naturelles, dérivée de faits démontrés, & qui donne une explication vraifemblable du phénomene le plus fingulier de l'hiftoire naturelle? Cette caufe, c'eft la diminution de la chaleur propre du globe. Les plantes sont attachées au climat par la température : elles disparaissent lorsque la température change. Ainsi les plantes, qui croissent aujourd'hui en France, croissaient anciennement en Suede, en Sibérie ; & celles qui couvrent la terre des Indes, ont jadis enrichi nos campagnes.

Ce simple fait de botanique, comme vous en conviendrez, Monsieur, mérite d'être médité : il conduit nécessairement à de grands résultats. Si, dans le monde politique, les plus importans événemens arrivent souvent par les plus petites causes; dans l'étude de la nature, au contraire, les plus grandes causes se manifestent quelquefois par les moindres effets. Ce fait n'est cependant pas unique : le regne animal nous en offre un semblable : ce sont les éléphans, dont on a déterré les squelettes dans différens pays & dans les contrées les plus froides. Cet animal ne naît que dans

dans la zone torride : il est propre à ce climat, & vit assez difficilement dans le nôtre, où il ne connaît ni le besoin, ni le plaisir, de perpétuer son espece : il périrait en arrivant à de plus hautes latitudes. Je ne vous citerai point les os & les dents d'éléphant, trouvés en France, parce qu'on pourrait dire que les Romains en ont amené dans leurs guerres avec les Gaulois. Mais les Romains n'ont point fait la guerre en Irlande ; & en 1715, on trouva un squelette d'éléphant dans la partie septentrionale de cette île (a). La société royale de Londres, il est vrai, avertit que, suivant l'histoire, St. Louis, en 1255, fit présent d'un éléphant à Henri III, Roi d'Agleterre. Il ne paraît gueres vraisemblable que cet éléphant ait été mourir au nord de l'Irlande, & que Henri, peu touché d'un présent si rare, l'ait fait promener dans

---

(a) Transf. philos. n°. 346.

la grande Bretagne, & paffer par mer en Irlande, pour amufer des peuples nouvellement conquis, peut-être encore agreftes, & qui n'étaient ni favans, ni curieux en hiftoire naturelle. Mais, Monfieur, St. Louis n'a point envoyé de préfens au Canada, qui n'a jamais eu de Rois ; M. d'Aubenton a cependant fait voir un *femur*, une défenfe d'éléphant, qui y ont été trouvés (*a*). Ces faits ne font rien en comparaifon de ceux que fournit la Sibérie. On y rencontre une grande quantité d'ivoire foffile : c'eft une branche de commerce pour les habitans, & de revenu pour le Czar (*b*). Ces habitans, fur-tout ceux qui font idolâtres, & par conféquent peu éclairés, les Jakutes, les Oftiackes, difent que cet ivoire, ces dents, appartiennent au *mammut*; animal qui ne fort jamais des fouterrains où il vit, & qui périt en voyant

---

(*a*) Mém. de l'Acad. des fcienc. 1762, p. 306.
(*b*) Tranf. philof. n°. 312.

le jour. Comme il ne leur est point venu dans l'idée que ce fussent les dépouilles d'une espece détruite dans leur pays, ils ont créé exprès un animal, qui, selon eux, est invisible. Mais les Russes conviennent que ces dépouilles appartiennent aux éléphans (*a*). On s'en est assuré à Paris par une comparaison exacte. (*b*) Ces os se trouvent de toutes grandeurs (*c*). Il résulte donc, Monsieur, de l'abondance de ces os fossiles, & de leur différente grandeur, qui indique différens âges, que l'animal était dans son pays, dans un climat qui lui était propre, puisqu'il y multipliait son espece. Il est impossible de n'en pas conclure que le climat de la Sibérie était alors moins froid qu'il n'est aujourd'hui, & même plus chaud que le climat de nos zones tempérées.

(*a*) Mém. de l'Acad. des scienc. 1727, p. 312.
(*b*) Ibid. 1762, p. 206.
(*c*) Transf. Philosoph. n°. 447.
On peut voir au cabinet du Roi plusieurs très-grandes défenses d'éléphant, qui ont été trouvées en Sibérie.

Cette conclusion n'est pas nouvelle, elle était indispensable. Vous savez, Monsieur, ce qu'on a imaginé pour expliquer ce changement évident de la température ? On n'a point dit que c'était une altération de la température du globe. Cette explication est trop simple pour avoir été saisie d'abord, elle n'est que le fait même ; d'ailleurs, M. de Buffon n'était pas encore venu. Quelques savans on préféré de faire tourner l'axe de la terre, de le coucher le long de l'écliptique, & de placer le pôle du nord dans la zone torride. Ils ont sacrifié sans pitié une moitié du globe, une partie du genre humain ; car tandis que la terre présentait sans cesse un de ses hémispheres au soleil, l'autre était condamné à un froid extrême, à une nuit éternelle, & le tout pour loger des éléphans. C'est cependant cette petite circonstance, qui a fait bouleverser le monde, & qui a réduit les philosophes à ces fâcheufes extrémités. Vous voyez, Monfieur, que je ne cherche point à faire valoir mes opinions: cette hypothèfe me ferait beau jeu; fi le pôle eût été jadis fous la zone torride, je n'aurais pas de peine à perfuader aux partifans des pays chauds que la population a commencé dans le nord, & que les fciences, ainfi que les hommes, font defcendus vers le midi.

Ne blâmons pourtant pas les philofophes, auteurs de ces opinions: ils ont fuivi la marche tortueufe de l'efprit humain, qui n'arrive aux idées vraies, & fur-tout aux idées fimples, que par des circuits. En leur répondant férieufement, je dirai que fi ce changement eft arrivé graduellement, il faut plufieurs milliers de fiecles; & c'eft une fuppofition bien forcée d'établir que les formes de la matiere, que ces dépouilles d'un animal mort, ayent pu fe conferver fans altération, & foient encore reconnaiffables après ces milliers de siecles. Si le changement a eu lieu subitement, la difficulté ne subsiste plus, mais il en naît une autre : ce dénouement, opéré par une machine, n'est pas dans les regles : il doit être préparé par des causes connues. Nous ne voyons point de forces dans la nature, qui puissent effectuer un si grand mouvement. Ce serait donc un miracle. Mais la saine physique, en reconnaissant Dieu pour la cause premiere, étudie la nature telle qu'elle est sortie de ses mains, renfermant en elle ses causes & ses effets.

Il vaut bien mieux nous ranger auprès de M. de Buffon, qui trouve dans le globe même la source des changemens qu'il a subis, qui nous enseigne que la chaleur, comme matiere, comme chose créée, est sujette au dépérissement. Il vous dira que la population des éléphans a commencé par diminuer dans le nord, comme celle des hommes paraît y diminuer aujourd'hui;

que ces lourdes masses ont cherché, ont suivi lentement la chaleur, comme les essains d'hommes & les armées nombreuses, qui ont envahi le monde; qu'enfin ces animaux se sont fixés dans la zone torride, leur derniere retraite, la seule contrée du globe dont la température actuelle leur convienne; jusqu'à ce que cette température, encore réfroidie, les détruise, & que leur espece disparaisse comme tant d'autres, qui vivaient par une chaleur plus grande, & qui ne vivent plus que dans les récits des anciens (a).

C'est envain que l'on voudrait élever des difficultés, & fonder des doutes sur des conjectures. Les difficultés sont quelquefois l'épreuve de la vérité, mais elles sont le plus souvent des obstacles à ses progrès. Bien des gens employent l'art des conjectures, sans en connaître

---

(a) Telles sont les cornes d'Ammon, & autres coquillages dont les especes sont perdues, & dont il ne nous reste que les dépouilles.

ni l'ufage, ni les bornes. Conjecturer, c'eft ajouter des faits probables à des faits vrais, c'eft étendre la fphere de nos connaiffances. Les conjectures ne doivent paraître qu'à la fuite des caufes, pour multiplier les applications. C'eft dénaturer ces conjectures, que de les faire remonter contre leur cours, pour attaquer les caufes. Le pays des poffibilités eft immenfe; on y doit chercher des vérités nouvelles, & non des armes pour combattre les anciennes.

Je demande, Monfieur, s'il exifte dans la phyfique une explication plus fimple & mieux fondée que l'hypothèfe de M. de Buffon. Elle eft fimple, car elle n'eft que le fait même, la diminution de la chaleur. Elle eft fondée fur trois grands faits : la chaleur qui réfide évidemment dans l'intérieur de la terre, & qui doit diminuer par la loi générale de la nature ; les plantes des Indes, trouvées en Europe, qui n'ont pu être tranfportées, & qui n'ont dû y croître que par une température égale à celle du climat des Indes ; les éléphans, qui ont laiffé leurs dépouilles dans la Sibérie, pour attefter que ce climat, célebre aujourd'hui par le froid, a reffenti jadis les ardeurs de la zone torride.

On ne peut douter que dans cette hypothèfe la terre ne fe foit réfroidie, d'abord par les pôles. La déperdition de la chaleur centrale y doit être un peu plus grande, à caufe de l'applatiffement du globe : mais l'action inégale des rayons du foleil a contribué le plus à ce réfroidiffement. Quoique la plus grande chaleur de l'été ait été trouvée partout la même, la fomme de la chaleur, dans la durée entiere d'un été, eft très-différente pour les différens climats : le foleil, envoyant moins de rayons, les verfant plus obliquement au nord de la terre, rend moins à ces climats en été qu'ils ne perdent en hiver. Il s'enfuit donc néceffairement que, de toutes les contrées de la terre, celles qui sont sous l'équateur ont dû être plus long-tems inhabitées, & que celles du pôle ont dû être les premieres habitables. Le réfroidissement graduel a donc fait passer la même température, successivement sur toutes les parties du globe, depuis le pôle jusqu'à l'équateur, & c'est un grand accord de la raison avec l'expérience, de la théorie avec les phénomenes, de retrouver la trace de ce réfroidissement dans les monumens conservés de l'histoire naturelle : monumens qui indiquent trois stations d'une chaleur très-grande ; la premiere dans la Sibérie, la seconde dans la France, & la troisieme dans la zone torride, où elle se conserve encore.

La déperdition de la chaleur deviendra sensible un jour par les observations du thermomètre ; mais il faut que des siecles s'écoulent. L'objet alors sera à la distance, où toutes les vues sont égales.

Aujourd'hui, s'il est des esprits sages, qui ne soient pas frappés de cette vérité, ils n'accuseront pas l'homme de génie, qui a la vue plus longue. On ne lui conteste pas son éloquence : la vue de son esprit a une supériorité aussi réelle que son langage, & la majesté, l'élévation de son style, naissent de la hauteur, où il s'est placé pour observer & pour peindre la nature. Au reste, l'idée de l'inflammation de la terre n'est nouvelle que par la liaison que M. de Buffon a établie entre cette idée & d'autres phénomènes, & sur-tout par la conséquence du réfroidissement. Descartes avait déjà pensé que la terre & les planètes n'étaient que de petits soleils *encroûtés*. Leibnitz n'a pas hésité à prononcer que le globe terrestre devait sa forme, & la consistance de ses matières, à l'élément du feu ; & néanmoins ces deux philosophes n'avaient pas, à beaucoup près, autant de faits, autant d'observations, qu'on en a rassemblé & acquis de nos jours. Ne trouvez-vous pas, Monsieur, qu'une idée qui, en moins de deux siecles, vient se placer dans trois grandes têtes, a l'air de s'essayer à l'empire de la terre? Et en attendant qu'elle entre dans l'opinion générale, ne devons-nous pas la reconnaître pour vérité, aujourd'hui qu'elle est assise sur la connaissance de la chaleur intérieure, & appuyée par deux faits d'histoire naturelle, inexplicables sans elle?

Cette chaleur n'est point sans doute un bienfait qui nous soit particulier, le refroidissement ne nous menace pas seuls : toutes les planetes sont l'ouvrage des mêmes mains, elles doivent jouir des mêmes avantages, & courir la même fortune. Si la chaleur du soleil ne nous suffit pas, comment suffirait-elle aux globes de Jupiter & de Saturne, où elle a vingt-cinq & cent fois moins d'intensité ? » L'analogie, dit M. de » Buffon, nous permet-elle de douter

» que les autres planetes ne contien-
» nent de même une quantité de cha-
» leur, qui leur appartient en propre,
» & qui doit les rendre capables de
» recevoir & de maintenir la nature
» vivante ? N'est-il pas plus grand, plus
» digne de l'idée que nous devons avoir
» du créateur, de penser que partout
» il existe des êtres, qui peuvent le
» connaître & célébrer sa gloire, que
» de dépeupler l'univers, à l'exception
» de la terre, & de le dépouiller de
» tous êtres sensibles, en le réduisant
» à une profonde solitude, où l'on ne
» trouverait que le désert de l'espace,
» & les épouvantables masses d'une
» matiere entiérement inanimée (*a*) ?

Je ne devais examiner ici avec vous, Monsieur, que le réfroidissement de la terre, & la vraisemblance d'une chaleur plus grande, qui permet de croire à l'ancienne habitation des climats du

---

(*a*) Hist. nat. des minérau. : *in*-12. Tom. IV, p. 318.

nord. Mais l'extenſion de cette chaleur à toutes les autres planetes, me ſemble confirmée par quelques phénomènes, que je me propoſe de communiquer à M. de Buffon, & que je dois vous faire remarquer comme un ſurcroît de preuves à l'hypothèſe générale.

Les calculs de M. de Buffon lui ont appris que pluſieurs de ces planètes ne devaient pas être habitées, les unes à cauſe de l'excès de la chaleur, les autres à cauſe de l'excès du froid. Jupiter, par exemple, encore pénétré de feu, attend les êtres vivans, qu'il n'aura que dans des milliers d'années : la lune glacée ne les a plus. Permettez-moi quelques conſidérations ſur les phénomènes de ces deux planetes, & ſur ces deux états extrêmes de la nature.

Le globe de Jupiter, à l'aide de nos longues lunettes, nous découvre de grandes taches obſcures. On en a vu dans l'étendue du diſque, mais les plus remarquables ſont celles que l'on nomme les *bandes*, & qui le traverſent dans ſon milieu. Ces bandes, quoique les plus conſtantes de ces taches, ne le ſont cependant pas toujours ; on en a diſtingué juſqu'à huit, le plus ſouvent trois ; il eſt arrivé qu'on n'en a vu qu'une ſeule. Toutes ces taches naiſſent tout à coup, s'effacent & ſe remontrent de même (*a*). Ces diſparitions, ces alternatives, ſont un phénomène bien extraordinaire. La planète ſemble livrée à un bouleverſement général & continuel. Ces taches obſcures & variables ne peuvent être que des mers qui ſe débordent, s'étendent & s'abîment enſuite dans des gouffres par quelque puiſſance particuliere, qui les maîtriſe, pour les élever & les précipiter alternativement. Ce déſordre des eaux eſt la ſuppoſition la plus ſimple ; car le bouleverſement ſerait bien plus conſidérable, ſi ces changemens avaient

---

(*a*) *Caſſini*, élémens d'aſtronomie, p. 401. Mém. de l'Acad. des ſcienc. 1708, p. 237.

lieu dans la masse solide, si des parties de continent se renversaient les unes sur les autres, & si le globe était ébranlé dans ses fondemens. Quoi qu'il en soit de ces effets, dont nous ne pouvons assigner précisément les causes, il est certain qu'il ne se passe rien de semblable sur la terre habitée : tout y a pris sa figure, tout y est constant, & cela doit être ; car dans le travail de la nature, les végétaux, les animaux, ces petites formes de la matiere, qui ne sont que des détails, ne doivent paraître que lorsque les grandes sont établies dans toute leur constance. Les volcans ouverts, les villes abîmées, les marées extraordinaires, qui inonderaient des pays entiers, toutes ces calamités, qui perdent tant d'hommes & de richesses, qui font verser tant de larmes, ne sont sensibles que pour nous: l'Italie pourrait s'engloutir dans la Méditerranée, sans que Jupiter en fût averti. On peut juger de l'espece des révolutions

révolutions, qui fe rendent fi remarquables pour nous dans le globe de cette planete. Il eft évident qu'il n'y a point encore d'équilibre, qu'il y a trop de mouvement pour que la matiere y ait pris fes grandes maffes conftantes, &, à plus forte raifon, les formes délicates des arbres, des fruits, des animaux, qui doivent peupler les lieux habités, & qui précedent l'exiftence de l'être deftiné à les animer & à les embellir. Ce combat des élémens dans le globe de Jupiter, eft l'image du chaos, & du premier état de la nature. L'aftronomie, le fpectacle de Jupiter, peuvent donc fournir des réfultats & des conjectures analogues aux vues philofophiques de M. de Buffon. Dans les différens états qu'il attribue aux planetes, celui de Jupiter eft un des extrêmes : c'eft déjà beaucoup que les phénomènes en foient conformes aux idées du phyficien : mais la lune, où, felon lui, la vie eft finie, nous préfentera des apparences non moins singulieres & non moins remarquables.

La lune est la planete la plus voisine de nous. Elle est environ deux mille fois moins éloignée que Jupiter. Les télescopes ont encore diminué considérablement cette distance : nous en voyons les détails avec facilité : un objet, grand comme Paris, peut y être sensible. Nous ne remarquons aucun changement dans ses différentes parties ; cependant la carte de la lune est mieux connue & mieux dressée que celle de la terre, les moindres changemens seraient facilement apperçus. On a cru que les taches obscures étaient des mers, mais on a abandonné cette idée, parce qu'on a vu des cavités dans ces mers prétendues. M. Bouguer a prouvé qu'il ne pouvait y avoir dans la lune ni mers, ni même aucun lac de quelque grandeur (*a*). Elle n'a point

---

(*a*) Mém. de l'Acad. des scien. 1757, p. 22.

d'atmosphere, ou du moins cette atmosphère est si rare, qu'il ne s'y éleve point de vapeurs, qui nous cacheraient quelquefois la vue des taches brillantes dont ce disque est semé.

En considérant avec attention quelques-unes de ces taches, lorsqu'elles sont entiérement éclairées, elles présentent l'image d'un bassin profond, d'une grande étendue, terminée par des bords sensiblement élevés & continus. Ce ne sont point des chaînes de montagnes; elles n'auraient point cette régularité : ce sont de vrais bassins. S'il est vrai que les mers diminuent par l'évaporation, comme les savans du nord l'ont pensé (*a*), ces mers atteindront un certain degré d'affaissement ; & s'il arrive que le globe, saisi par le froid, reprenne la solidité complette qu'il eut primitivement avant d'être travaillé par le feu, ces mers ainsi affaissées,

---

(*a*) Hist. de l'Acad des scien. 1743, p. 40.

gelées dans toute la profondeur de leur masse, environnées des bords de nos continens élevés au-dessus d'elles, seront semblables en grand à ces bassins lunaires. L'aspect de la lune donne pleinement l'idée de l'état qu'elle a dans les hypothèses de M. de Buffon. Sa surface est inégale, raboteuse & crevassée : il semble que sa solidité soit une sécheresse absolue : tout y paraît solitaire & inanimé : tout y peint le silence & l'absence de la vie. S'il n'y a point d'atmosphère, ce n'est pas que cette planete n'ait dû jadis en avoir une : mais lorsque la cessation de sa propre chaleur aura détruit la végétation, lorsque les eaux, & successivement tout ce qui était fluide, se sera glacé, l'atmosphere, l'air qui existait en vertu de l'activité de cette chaleur, a dû être détruit comme elle, & se précipiter sur la planete pour s'y glacer lui-même, & se rejoindre au tout dont il avait été séparé.

La deſtinée de la lune n'eſt-elle pas ſinguliere, Monſieur ? C'eſt elle qui, par ſes montagnes, ſes cavités, ſes mers prétendues, a fait croire aux premiers philoſophes qu'elle était une planete habitée, ſemblable à la nôtre; c'eſt elle qui leur a donné l'idée ingénieuſe de la pluralité des mondes. Aujourd'hui, rapprochée par les meilleurs téleſcopes, devenue l'objet d'une inſpection plus attentive, en nous montrant une aridité totale, un repos abſolu, & l'apparence d'un monde qui n'eſt qu'un déſert, abandonné de la nature vivante ; c'eſt elle encore qui nous fait croire qu'une planete peut être ſans habitans, ou du moins peut ceſſer d'en avoir.

Les tableaux que je viens de tracer, fondés ſur des apparences, peuvent être plus ou moins vrais dans leurs circonſtances, mais ils préſentent deux faits eſſentiels & inconteſtables ; l'un que la ſurface de la lune, quoique ſous nos yeux, paraît toujours la même, & semble dans un repos abfolu ; l'autre, que Jupiter, quoiqu'infiniment éloigné, & à plus de cent foixante-dix millions de lieues, nous offre le fpectacle des plus grands changemens. Ces apparences indiquent deux états oppofés de la nature, deux états analogues à ceux que M. de Buffon attribue à ces deux planetes ; à Jupiter, où regne encore une chaleur brûlante, où les élémens travaillent pour atteindre l'équilibre ; à la lune, déjà glacée, & où tout eft équilibre, parce que tout eft fans mouvement.

Vous voyez, Monfieur, que le réfroidiffement de la terre, conféquence néceffaire de la chaleur intérieure, fondé fur deux faits authentiques d'hiftoire naturelle, trouve encore de l'appui dans le fyftême de l'univers, lorfqu'on étend ce réfroidiffement aux autres planetes.

Voilà ce que je m'étais propofé de

mettre sous vos yeux. La chaleur du globe paraît être un fait de la nature. La diminution annoncée de cette chaleur est une conjecture heureuse, & conforme à la bonne physique. J'augure qu'elle répandra encore plus de lumiere sur les siecles suivans que sur le nôtre. Observez que je n'ai point d'intérêt à discuter ces questions. Quand cette chaleur serait constante, quand elle n'existerait pas, il n'en serait pas moins évident que les connaissances des Chinois, des Indiens & des Chaldéens, ne sont que les débris des sciences d'un peuple qui les a tous éclairés. Je suis parvenu à cette découverte par l'astronomie de ces peuples, & vous avez marqué cette vérité du sceau de votre approbation. Il est vrai que vous regardez les Indiens comme les auteurs de ces sciences, parce qu'ils nous les ont transmises : mais pesez, je vous prie, Monsieur, les preuves que j'ai détaillées dans ces lettres ; considérez que ces sciences ont passé chez les Grecs, avant d'arriver chez nous ; & puisque les Grecs n'étaient point inventeurs, les Indiens ont pu n'être, comme eux, que dépositaires. Les faits qui semblent placer l'habitation de ce peuple antérieur sous le parallèle de 49 degrés, sont également indépendans de la chaleur centrale. Ce peuple a bien pu demeurer dans un climat où nous demeurons nous-mêmes. Nous sortons d'un hiver rigoureux, cependant les plaisirs ni les affaires n'ont point été interrompus ; on a été à l'opera, à l'Académie, comme à l'ordinaire ; les astronômes de l'observatoire ont continué leurs observations. L'activité n'est donc point suspendue pendant l'hiver ; le goût du travail subsiste, les sciences suivent leur cours, malgré la gelée : notre parallèle, notre latitude, a donc pu voir jadis en Asie un peuple policé, savant, heureux, & dont les connaissances ont éclairé des pays

pays plus chauds, mais moins faits pour le génie.

Vous voyez que j'ai parlé seulement pour la vérité. J'ai rendu justice à mon illustre confrere, sans égard ni pour cette fraternité qui m'honore, ni pour l'amitié qui nous lie; j'ai dit ma pensée, comme si M. de Buffon avait été un philosophe Indou. J'avoue que la chaleur propre du globe, & le phénomene de sa diminution, ajoutent un grand degré de probabilité à l'opinion que j'ai proposée; elle n'en peut trop avoir pour mériter l'adoption de M. de Voltaire. La fable, l'histoire, l'astronomie, la physique, sont pour elle. Il ne faut pas qu'Apollon se sépare des Muses, & leurs suffrages sollicitent le sien.

Je suis avec respect, &c.

F I N.

TABLE

Des Lettres sur l'origine des sciences, & sur celle des peuples de l'Asie.

PREMIERE LETTRE de M. de Voltaire à M. Bailly, pages 1.
II. LETTRE de M. de Voltaire, 5
III. LETTRE de M. de Voltaire, 9
I. LETTRE de M. Bailly à M. de Voltaire: *Exposition des idées qui seront développées dans ces lettres : Examen de la question, si en général les anciens peuples connus, & en particulier les Chinois, ont été inventeurs dans les sciences,* 15.
II. LETTRE: *Des Perses, des Chaldéens & des Indiens,* 41.
III. LETTRE: *Des conformités entre les Chinois, les Chaldéens, les Indiens & les anciens peuples, dans les traditions, les usages, la philosophie & la religion,* 91.

TABLE 347

IV. LETTRE : *Conformités des peuples anciens dans les sciences, & dans les institutions qui y sont relatives,* 134.

V. LETTRE: *Ces conformités ne sont point le produit de la communication,* 156.

VI. LETTRE : *Ces conformités ne tiennent point essentiellement à la nature, elles naissent d'une identité d'origine entre tous les anciens peuples, & sont les restes des institutions d'un peuple plus ancien,* 185.

VII. LETTRE : *Cet ancien peuple a eu des sciences perfectionnées, une philosophie sublime & sage,* 205.

VIII. LETTRE : *Cet ancien peuple paraît avoir habité dans l'Asie, vers le parallèle de 49°. Il semble que la lumiere des sciences & la population se soient étendues sur la terre, du nord au midi,* 224.

IX. LETTRE : *Du feu central, ou de la chaleur propre & intérieure du globe,* 269.

X. Lettre : *Du réfroidissement de la terre, ou de la diminution de la chaleur propre du globe,* 306.

Fin de la Table.

Faute à corriger.

Page 256, *ligne* 2, Sibérie, *lisez* Syrie.

www.ingramcontent.com/pod-product-compliance
Lightning Source LLC
Chambersburg PA
CBHW050757170426
43202CB00013B/2469